INTERPRETATIONEN ENGLISCH

LORRAINE HANSBERRY

A Raisin in the Sun

Interpretiert von
Dieter Ulm

STARK

Bildnachweis
Umschlag: © ullstein bild – The Granger Collection
S. 3: © ullstein bild – The Granger Collection
S. 44: © ullstein bild – AP
S. 66: © ullstein bild – The Granger Collection

ISBN 978-3-86668-657-1

Inhalt

Autor: Dieter Ulm

Vorwort

Liebe Schülerinnen, liebe Schüler,

diese Interpretationshilfe ermöglicht Ihnen ein vertieftes Verständnis von Lorraine Hansberrys Theaterstück *A Raisin in the Sun* und unterstützt Sie bei der Lektüre ebenso wie bei der Vorbereitung auf Klausuren oder Prüfungen.

Der erste Teil informiert über das Leben der Autorin. Es folgt eine ausführliche Inhaltsangabe, die alle wichtigen Textabschnitte hervorhebt und Ihnen hilft, das Drama im Ganzen zu überblicken. Das Kapitel „Textanalyse und Interpretation" enthält Charakterisierungen der Personen, die Analyse von Dramenstruktur, Sprache und Symbolik, sowie eine Untersuchung der Thematik im sozialen Kontext der Entstehungszeit. Den Abschluss des Kapitels bilden detaillierte Interpretationen von vier besonders aussagekräftigen Schlüsselstellen. Im letzten Teil werden die wichtigsten Stationen der Rezeptionsgeschichte kurz umrissen. Einige weiterführende Literaturangaben schließen das Buch ab.

Ich wünsche Ihnen viel Freude und Erfolg bei der Beschäftigung mit Hansberrys Drama sowie neue Einsichten in die amerikanische Sozialgeschichte.

Dieter Ulm

Dieter Ulm

Einführung

Lorraine Hansberrys 1959 uraufgeführtes Drama *A Raisin in the Sun* zählt zu den klassischen Werken der amerikanischen Theaterliteratur um die Mitte des 20. Jahrhunderts, die sich kritisch mit dem „American Dream" auseinandersetzen. Das Werk wird heute den Familiendramen Arthur Millers, Eugene O'Neills oder Tennessee Williams' an die Seite gestellt und gehört in eine Reihe mit *Death of a Salesman, Long Day's Journey into Night* und *The Glass Menagerie.* Das Besondere an Hansberrys Drama ist, dass es aus der gesellschaftskritischen Perspektive einer schwarzen Amerikanerin geschrieben wurde und somit eine notwendige Ergänzung des von männlichen weißen Autoren bestimmten Amerikabildes darstellt, welches das amerikanische Theater zu jener Zeit vermittelte.

Die Fünfziger- und Sechzigerjahre waren eine Zeit der Spannung zwischen konservativen und progressiven gesellschaftlichen Strömungen, und in *A Raisin in the Sun* werden viele der damals kontroversen Themen aufgegriffen. So geht es nicht nur um Rassismus und die Gegensätze zwischen weißer und schwarzer Bevölkerung, sondern auch um Auseinandersetzungen innerhalb der afroamerikanischen Gesellschaft, z. B. um die Frage, ob die Anpassung an die weiße Kultur oder das Festhalten an einer eigenen, schwarzen Identität der richtige Weg für die Zukunft sei. Auch die Emanzipation der Frau in Familie und Gesellschaft ist Thema des Stücks, ebenso das Problem der Abtreibung, die damals noch illegal war.

Ungewöhnlich ist das Werk auch in sprachlicher Hinsicht. Es gibt nicht viele Theaterstücke, die fast ausschließlich für schwarze Darsteller im Soziolekt der Afroamerikaner, dem „Black Vernacular English", verfasst sind. Diese Sprachform literaturfähig gemacht zu haben, ist nicht allein Hansberrys Verdienst, aber ihre geschliffenen Dialoge stellen einen Höhepunkt der afroamerikanischen Literatur dar. Hansberrys virtuose sprachliche Ausdrucksfähigkeit spiegelt dabei die Emotionen, die die Figuren während des Stücks durchleben. Jede gute Aufführung des Dramas setzt auch das Publikum diesem Wechselbad der Gefühle aus, von tiefer Niedergeschlagenheit bis zu hinreißendem Humor, und auch das Studium des Textes kann hiervon einen lebhaften Eindruck verschaffen.

Der Titel des Dramas ist einem Gedicht von Langston Hughes entnommen. Die Rosine, die in der Sonne vertrocknet, ist ein Bild für die stets von Neuem enttäuschten Zukunftshoffnungen der Afroamerikaner. Es geht um ihre eigene Vision des amerikanischen Traums, um die Selbstverwirklichung und das Selbstbewusstsein des schwarzen Amerika. Es ist der Traum Martin Luther Kings und der Bürgerrechtsbewegung, aber zugleich ein Traum, der alle Menschen berührt. Dass es sich bei Hansberrys Drama um ein „Negro play" handelt, wie die Autorin immer wieder betont hat, bedeutet nicht, dass die Botschaft des Stücks nicht universell und zeitlos ist. Universelle Thematik kann auf der Bühne immer nur durch individuelle Schicksale verdeutlicht werden, in diesem Fall durch eine schwarze Familie aus dem Ghetto von Chicago. Was diese Familie im Einzelnen erlebt und erleidet, ist zeit- und ortsgebunden, aber die dahinterstehenden existenziellen Fragen nach Gerechtigkeit und Menschenwürde sind es nicht.

In einer Rezension aus dem Jahr 1989 nennt der Literaturkritiker Ed Siegel Hansberrys Drama „a major American work of art, as gritty as it is poetic, as specific as it is universal, and as contemporary as it is […] visionary." (McKissack, S. 84) Heute herrscht über die bleibende Bedeutung von *A Raisin in the Sun* kein Zweifel mehr. Nicht zuletzt wegen seiner Qualität als sprachliches Kunstwerk gilt das Drama als eine literarische Meisterleistung.

Lorraine Hansberrys Leben

Lorraine Vivian Hansberry wurde am 19. Mai 1930 als jüngstes von vier Kindern einer afroamerikanischen Familie in Chicago geboren. Obwohl die Hansberrys wohlhabend waren und der gehobenen Mittelschicht angehörten, wohnten sie in Chicagos Southside, einem der größten schwarzen Ghettos des Landes. Der Vater, Carl Augustus Hansberry, war ein erfolgreicher Geschäftsmann und Immobilienmakler. Er setzte sich zeit seines Lebens aktiv für die Interessen der schwarzen Bevölkerung ein und war ein führendes Mitglied der NAACP (National Association for the Advancement of Colored People). Auch gründete er eine der ersten Sparkassen, bei denen Afroamerikaner Kredite bekommen konnten. Politisch engagierte er sich in der republikanischen Partei und kandidierte, wenn auch erfolglos, bei den Kongresswahlen von 1940. Sein Bruder Leo war ein weithin bekannter Wissenschaftler, der sich um die Erforschung der Kultur und Geschichte Afrikas verdient machte. Lorraines Mutter, Nannie Perry Hansberry, stammte wie ihr Mann aus einer aufstrebenden Mittelstandsfamilie. Ihr Bruder Graham brachte es zum ersten schwarzen Generalstaatsanwalt (Attorney General) von Illinois.

In den Dreißigerjahren war die Rassendiskriminierung in den USA noch weit verbreitet. Anders als in den meisten Südstaaten, wo die Rassentrennung (Segregation) noch gesetzlich sanktioniert war, gab es in den nördlichen Regionen zwar offiziell keine Segregation, wohl aber bestanden praktisch in allen Städten und vielfach auch auf dem Land Ghettos. So gab es auch in Chicago eine strikte Trennung in schwarze und weiße Wohnbezirke. Als Kind erlebte Lorraine Hansberry, wie sehr die ärmeren Familien ihrer Nachbarschaft unter der durch die Wirtschaftskrise stark angestiegenen Arbeitslosigkeit zu leiden hatten. In den Häusern ihrer Mitschüler herrschten beengte Wohnverhältnisse und ein akuter Mangel an Dingen des alltäglichen Bedarfs.

Lorraine hasste die Schule in ihrem Wohnbezirk. Sie beschreibt sie später mit folgenden Worten:

> *[It] had been earmarked as a ghetto school, a school for black children and, therefore, one [...]* not *to give education but to withhold as much as possible, just as the ghetto itself exists not to give people homes but to cheat them out of as much decent housing as possible.* (Nemiroff, S. 63)

In gewisser Weise beneidete sie die ärmeren Kinder wegen ihres Selbstbehauptungswillens und Durchsetzungsvermögens. Sie fühlte sich ausgeschlossen und war fasziniert von ihren Spielen, ihrem Slang und ihrer frühreifen Eigenständigkeit. Um so zu sein wie die Schlüsselkinder, die einen Hausschlüssel um den Hals trugen, hängte sie sich ihren Schlittschuhschlüssel um. Am Anfang ihrer Schulzeit ging sie einmal in einer weißen Pelzjacke zur Schule und wurde von den Mitschülerinnen prompt verprügelt. Statt sich zu beklagen, wählte sie die aggressivsten unter ihnen zu ihren Freundinnen. Später schrieb sie über dieses Erlebnis: "I think it was from that moment I became – a rebel." (Nemiroff, S. 63)

Als Lorraine sieben Jahre alt war, fasste der Vater einen folgenschweren Entschluss. Von einem Team von NAACP-Juristen beraten, kaufte er ein Haus in einer Weißen vorbehaltenen Wohngegend und zog dort mit seiner Familie ein. Die Reaktion der neuen Nachbarn ließ nicht lange auf sich warten. Das Haus wurde umlagert und die Hansberrys wurden auf der Straße bedroht. Einmal flog ein Backstein durch die Fensterscheibe, der Lorraines Kopf nur knapp verfehlte. In einem Brief an die *New York Times* erinnerte sie sich später an diese Zeit wie folgt:

> *My memories [...] include being spat at, cursed and pummeled in the daily trek to and from school. And I also remember my desperate and courageous mother patrolling our house all night with a loaded German luger, doggedly guarding her four children, while my father fought the respectable part of the battle in a Washington court.* (Nemiroff, S. 51)

Der Vater hatte inzwischen den langen Weg einer juristischen Klärung mit dem Ziel beschritten, eine Grundsatzentscheidung herbeizuführen, die allen Bürgern das Recht auf freie Wahl des Wohnbezirks sichern sollte. Nachdem sich mehrere Instanzen mit dem Fall befasst hatten, gab der Oberste Gerichtshof der Vereinigten Staaten (Supreme Court) im November 1940 Carl Hansberry recht. Mit diesem Urteil wurde amerikanische Rechtsgeschichte geschrieben. Es gilt als Meilenstein auf dem Weg zur Emanzipation der schwarzen Bevölkerung und machte Lorraines Vater zu einer bekannten Persönlichkeit der Bürgerrechtsbewegung. Trotz dieses Erfolgs war Carl Hansberry enttäuscht, denn zunächst änderte sich an den Wohnverhältnissen in Chicago wenig. Er erwog eine Auswanderung nach Mexiko und starb dort 1946 an einem Schlaganfall. Lorraine sah hierin eine Folge seines Kampfes gegen den Rassismus. In *A Raisin in the Sun* hat sie ihm ein Denkmal gesetzt. Der verstorbene Vater von Walter und Beneatha Younger trägt deutlich seine Züge.

Nach dem Highschool-Abschluss begann Lorraine Hansberry ein Studium an der University of Wisconsin in Madison. Sie interessierte sich besonders für Kunst, Literatur und Theater, war aber mit den eher traditionellen Lehrveranstaltungen nicht zufrieden. Nach kurzen Studienaufenthalten an verschiedenen anderen Bildungsinstituten ging sie 1951 nach New York und bekam dort eine Stellung als Mitarbeiterin und später Mitherausgeberin der von dem schwarzen Freiheitskämpfer, Schauspieler und Publizisten Paul Robeson herausgegebenen Zeitschrift *Freedom*.

Die folgenden Jahre in New York waren eine prägende Zeit im Leben der jungen Frau. Sie fand eine Wohnung in Harlem, dem Zentrum der afroamerikanischen Kultur. Zu ihrem Freundeskreis zählten einflussreiche Künstler, Schriftsteller und Publizisten. Langston Hughes lebte hier, „the voice of Harlem", ein führender Repräsentant der „Harlem Renaissance" der Zwanzigerjahre. Obwohl diese große Epoche des kulturellen Aufbruchs bereits abgeklungen war, wirkte ihr Einfluss noch nach. 1951 schrieb Hughes das Gedicht *Harlem,* das Lorraine später ihrem Bühnenstück voranstellte und das Titel und Thema von *A Raisin in the Sun* vorwegnimmt (siehe die Interpretation auf S. 47). Es drückt die revolutionäre Stimmung der Fünfzigerjahre aus und enthält eine Vorausdeutung auf die explosionsartige Entladung der sozialen Spannungen im folgenden Jahrzehnt.

Lorraine Hansberry entwickelte sich in New York zu einer politischen Aktivistin. Unter dem Einfluss von Freiheitskämpfern wie Paul Robeson und W. E. B. DuBois, einem Mitbegründer der NAACP, setzte sie sich für die Abschaffung der Rassenschranken und eine völlige Gleichstellung der Farbigen auf allen Gebieten des öffentlichen Lebens ein. Ihr besonderes Interesse galt dabei der Emanzipation der Frauen. Daneben beschäftigte sie sich mit philosophischen und religiösen Fragen. Sie erkannte die Bedeutung der christlichen Kirchen für die Bürgerrechtsbewegung an, war aber persönlich eine überzeugte und bekennende Atheistin. Als sie 1953 ihre journalistische Tätigkeit aufgab und den aus einer jüdisch-russischen Familie stammenden Schriftsteller Robert Nemiroff heiratete, hatte sie eine klare Vorstellung von den Zielen, für die sie sich einsetzen wollte. Das wichtigste

Medium, um sich Gehör zu verschaffen, sollte für sie das Theater werden.

Die ersten Ehejahre in Greenwich Village, dem Künstlerviertel von New York, waren schwierig. Die Zeit zum Schreiben war knapp bemessen, da beide Ehepartner tagsüber ihren Lebensunterhalt verdienen mussten. Erst als Nemiroff mit dem Schlagertext „Cindy, oh Cindy“ Erfolg hatte, konnte sich Lorraine ganz der Schriftstellerei zuwenden. *A Raisin in the Sun* entstand zwischen 1953 und 1956, die ersten Aufführungen fanden in New Haven, Philadelphia und Chicago statt. Am 11. März 1959 kam das Stück am Broadway auf die Bühne. Zum ersten Mal in der amerikanischen Theatergeschichte wurde ein von einer schwarzen Autorin für schwarze Schauspieler geschriebenes Stück im Zentrum der New Yorker Theaterlandschaft gespielt. Im April 1959 gewann *Raisin* den prestigeträchtigen *New York Drama Critics Circle Award* als bestes Drama des Jahres vor Konkurrenten wie Tennessee Williams, Eugene O'Neill und Archibald McLeish. Hansberry war damit die jüngste amerikanische Autorin, erste Frau und erste Afroamerikanerin, die diesen begehrten Preis erhielt. Plötzlich stand sie im Rampenlicht der Öffentlichkeit, gefeiert von den einen, abgelehnt von anderen und von manchen missverstanden.

Anfang der Sechzigerjahre arbeitete Hansberry an mehreren Drehbuchfassungen des Theaterstücks für Film und Fernsehen. Außerdem hinterließ sie bei ihrem Tod eine Reihe weiterer, zum Teil unvollendeter Dramen, die sich formal und thematisch erheblich von *Raisin* unterscheiden. Eine fragmentarische Autobiografie wurde später von Nemiroff überarbeitet und erschien 1969 unter dem Titel *To Be Young, Gifted and Black* (siehe Literaturhinweise).

1962 zogen Hansberry und Nemiroff nach Croton-on-Hudson, einer ländlichen Gegend im Einzugsbereich von New York, wo sie ein idyllisch gelegenes Anwesen bewohnten. Hansberry engagierte sich weiterhin in der Bürgerrechtsbewegung, obwohl im Mai 1963 eine Krebserkrankung bei ihr festgestellt wurde. Im Süden der USA waren inzwischen heftige Rassenunruhen ausgebrochen und Hansberry unterstützte die Proteste gegen die gewaltsame Unterdrückung der schwarzen Freiheitskämpfer. Sie gehörte zu den führenden Mitgliedern des SNCC (Student Nonviolent Coordinating Committee), einer Organisation, die vor allem gewaltfreie Studentenproteste organisierte, und nahm an Demonstrationen, Kundgebungen und Diskussionsveranstaltungen teil. Den historischen Marsch zum Lincoln Memorial in Washington am 28. August 1963 konnte Hansberry nur vom Krankenbett aus verfolgen. Sie sagte damals voraus, dass Martin Luther Kings berühmte Rede „I have a dream" in die amerikanische Geschichte eingehen werde.

Im März 1964 wurde ihre Ehe mit Robert Nemiroff geschieden. Über die Gründe herrscht bis heute Unklarheit, zumal Nemiroff weiterhin ihr Freund und enger Vertrauter blieb. Sie ernannte ihn zum Verwalter ihres literarischen Nachlasses, eine Aufgabe, der er sich bis zu seinem Tod im Jahr 1991 widmete. Seine Tätigkeit als Bearbeiter und Herausgeber ihrer Manuskripte ist jedoch umstritten. So versuchte er etwa, der Sexualmoral seiner Zeit entsprechend, ihre lesbische Orientierung zu verschleiern. Vor allem hat er durch eine restriktive und selektive Freigabe der Originalmanuskripte dazu beigetragen, dass eine vollständige wissenschaftliche Aufarbeitung der Quellen noch immer auf sich warten lässt. Lorraine Hansberry starb am 12. Januar 1965 im Alter von nur 34 Jahren und wurde in Croton-on-Hudson beerdigt. Mit einem Gedenkgottesdienst in Harlem nahmen zahlreiche Freunde und Bewunderer, darunter Paul Robeson und Langston Hughes, von ihr Abschied.

Zeittafel

Lorraine Hansberry geboren	1930	
erstes Schuljahr in der Ghettoschule	1935/36	Olympische Spiele in Berlin: Jesse Owens gewinnt vier Goldmedaillen
die Familie zieht in eine weiße Wohngegend: gerichtliche Auseinandersetzung beginnt	1937/38	Joe Louis besiegt Max Schmeling
	1939	Deutschland überfällt Polen: Beginn des Zweiten Weltkriegs
Carl Hansberry gewinnt vor dem Supreme Court	1940	
	1941	Eintritt der USA in den Zweiten Weltkrieg
	1945	Ende des Zweiten Weltkriegs, Gründung der Vereinten Nationen
Hansberry besucht die University of Wisconsin	1948	
Hansberry arbeitet für Paul Robeson, Begegnung mit Robert Nemiroff	1951	
Heirat mit Nemiroff	1953	

	1954	Supreme Court erklärt Rassentrennung für verfassungswidrig
	1955	Rosa Parks verhaftet: Bus-Boycott, Protestbewegungen nehmen zu
Hansberry vollendet A Raisin in the Sun	1957	als erste afrikanische Kolonie wird Ghana unabhängig
A Raisin in the Sun am Broadway eröffnet	1959	
	1961	J. F. Kennedy wird Präsident der USA
Lorraine und Robert ziehen nach Croton	1962	
Lorraine erkrankt an Krebs	1963	Freiheitsmarsch in Washington: Martin Luther Kings Rede: „I have a dream“ Präsident Kennedy wird ermordet
Ehescheidung von Robert Nemiroff	1964	Martin Luther King erhält den Friedensnobelpreis
Lorraine Hansberry stirbt	1965	

Inhaltsangabe

Act I, Scene One

Schauplatz des Bühnengeschehens ist das Wohnzimmer der Familie Younger um die Mitte der Fünfzigerjahre des vorigen Jahrhunderts. Das für fünf Personen (Mama, Walter, Ruth, Beneatha und Travis) viel zu kleine Apartment befindet sich in einem Mietshaus im Southside-Viertel von Chicago. Im Hintergrund des Raumes ist eine als Küche genutzte Nische zu sehen. Hier fällt durch ein kleines Fenster etwas Tageslicht herein. Rechts und links der Bühne führen Türen zu zwei kleineren Schlafzimmern. Das Bad ist nur über den Flur zu erreichen und muss mit den Nachbarn geteilt werden. Die Einrichtung besteht aus alten, abgenutzten Möbeln.

Es ist Freitagmorgen. Ein Wecker klingelt im Schlafzimmer von Ruth und Walter. Ruth kommt ins Wohnzimmer und kann nur mit Mühe ihren etwa zehnjährigen Sohn Travis wecken, der auf dem Sofa schlafen muss. Dann ruft sie ihrem Mann zu, er solle aufstehen. Nach einer Weile erscheint Walter schlaftrunken und missgestimmt. Während er darauf wartet, dass Travis das Bad freimacht, bereitet Ruth das Frühstück zu. Walter fängt eine Unterhaltung mit ihr an, aber sie reagiert wortkarg. Er erwähnt auch einen Scheck, den er schon sehnlich erwartet, da er offenbar dringend Geld braucht. Während Walter im Bad ist, nimmt Travis sein Frühstück zu sich. Bevor er sich zur Schule aufmacht, bittet er seine Mutter um 50 Cent, aber Ruth sagt, sie habe kein Geld übrig. Travis protestiert lebhaft. Sein Vater schaltet sich ein und gibt ihm schließlich einen ganzen Dollar. Wenig später stellt sich heraus, dass er das Geld von Ruth zurückborgen muss.

Es kommt zu einer Auseinandersetzung zwischen Walter und Ruth, in deren Verlauf Walter sich immer mehr ereifert. Er beklagt sich über Ruths mangelndes Interesse an seinen geschäftlichen Plänen. Ein Mann, der es zu etwas bringen wolle, brauche die Unterstützung seiner Frau. Stattdessen bekomme er von ihr nur Vorwürfe zu hören. Mit dem erwarteten Geld möchte er einen Spirituosenladen eröffnen. Er bittet Ruth, sie möge in einem Gespräch mit Mama, seiner Mutter, auf dieses Projekt hinweisen. Ruth bleibt jedoch weiterhin einsilbig und abweisend. Wütend über ihr Desinteresse hält Walter ihr vor, er habe es mit 35 Jahren nur zum Chauffeur eines weißen Geschäftsmannes gebracht. Schuld am Elend schwarzer Ehemänner seien deren Frauen. Sie verstünden es nicht, ihre Partner zu unterstützen und ihnen das Gefühl zu geben, etwas wert zu sein.

Walters Schwester Beneatha kommt aus dem anderen Schlafzimmer. Sie ist etwa zwanzig Jahre alt und besucht das College, um anschließend Medizin zu studieren. Wieder dreht sich das Gespräch um Geld. Walter will wissen, wie viel ihr Studium kosten werde. Beneatha fühlt sich angegriffen. Sie weist ihren Bruder mit scharfen Worten darauf hin, dass der erwartete Scheck der Mutter gehöre und dass diese damit machen könne, was sie wolle. Ruth stellt sich auf die Seite ihrer Schwägerin. Wieder wird Walter wütend. Er wirft Beneatha Undankbarkeit vor und verlässt daraufhin die Wohnung.

Als letztes Mitglied der Familie Younger betritt Mama die Bühne. Sie ist Anfang sechzig und eine beeindruckende Erscheinung. Sie geht zur Küche und sieht nach einer kümmerlichen Pflanze auf dem Fensterbrett. Auf ihre Frage nach dem Grund des Streits mit Walter beklagt sich Ruth über dessen Unzufriedenheit und erwähnt seinen Wunsch, ein Spirituosengeschäft zu eröffnen. Mama hat jedoch moralische Bedenken gegen den Handel mit Alkohol. Ruth fragt Mama, was sie mit ihrem Geld, es handelt sich immerhin um 10 000 Dollar, zu tun gedenke.

Mama ist noch unschlüssig. Auf jeden Fall solle Beneathas Studium davon finanziert werden. Am liebsten würde sie auch ein kleines Haus mit einem Garten kaufen. Ein Haus zu besitzen, sei schon immer ihr Traum und der ihres verstorbenen Mannes gewesen, dessen Lebensversicherung nun an sie ausgezahlt wird.

Beneatha kommt hinzu und erregt das Missfallen ihrer Mutter durch einige flapsige Bemerkungen, die Mamas religiöse Gefühle verletzen. Ruth nimmt ihrerseits an Beneathas teuren Hobbys Anstoß. Beneatha verteidigt sich mit dem Argument, sie müsse sich selbst verwirklichen, und erregt damit die Heiterkeit der beiden anderen Frauen. Das Gespräch kommt nun auf Beneathas Beziehung zu George Murchison, einem reichen Mitstudenten aus gutem Hause. Beneatha weist den Gedanken an eine Heirat mit George weit von sich. Ihr Ziel sei es, Ärztin zu werden, und außerdem wären die reichen Murchisons mit dieser Ehe niemals einverstanden.

Als Mama erneut den Namen Gottes erwähnt, lässt sich Beneatha zu der Äußerung hinreißen, es gebe keinen Gott. Daraufhin geht die Mutter langsam auf sie zu und gibt ihr eine kräftige Ohrfeige. Sie lässt Beneatha den Satz wiederholen: “In my mother’s house there is still God.” Beneatha tut es nur widerwillig und beklagt sich, nachdem die Mutter hinausgegangen ist, über die Tyrannei, mit der Mama ihre Führungsposition in der Familie behauptet. Dann nimmt sie ihre Bücher und macht sich auf den Weg zum College. Ruth versucht, ihre Schwiegermutter zu beruhigen, indem sie vorgibt, Beneatha habe ihr Verhalten bedauert. Während Mama sich mit ihrer kränkelnden Pflanze beschäftigt, denkt sie laut darüber nach, wie fremd ihr beide Kinder geworden sind. Sie bittet Ruth, ihr das Lied „No Ways Tired“ vorzusingen, doch Ruth, die schon den ganzen Morgen erschöpft gewirkt hat, erleidet plötzlich einen Schwächeanfall und bricht zusammen.

Act I, Scene Two

Einen Tag später, am Samstagmorgen, sind Mama und Beneatha mit dem Hausputz beschäftigt. Walter bekommt einen Telefonanruf von seinem Bekannten Willy Harris, der wissen will, ob der Scheck schon eingetroffen ist. Die Transaktionen für den Erwerb des Spirituosenladens scheinen angelaufen zu sein. Walter verspricht seinem Geschäftspartner, sobald als möglich mit dem Geld zu ihm zu kommen.

Wieder klingelt das Telefon. Diesmal ist der Anruf für Beneatha. Joseph Asagai, ein Student, den sie aus dem College kennt, möchte sie aufsuchen und Beneatha sagt nach kurzem Zögern zu. Mama hat Bedenken, weil die Wohnung noch nicht hergerichtet ist, aber Beneatha sagt, Asagai sei ein intellektueller Afrikaner aus Nigeria, dem der Zustand der Wohnung gleichgültig sei. Mamas Vorstellungen von Afrika erweisen sich als ziemlich vage. Zur Verzweiflung ihrer Tochter verwechselt sie Nigeria mit Liberia und glaubt, die Afrikaner müssten vor dem Heidentum gerettet werden, während Beneatha ihr klarzumachen versucht, dass es dort vor allem um die Befreiung von britischer und französischer Kolonialherrschaft gehe.

Ruth kehrt von einem Arztbesuch zurück. Mama hat bereits vermutet, dass ihre Schwiegertochter schwanger ist, und der Verdacht hat sich bestätigt. Ruth ist verzweifelt und denkt offenbar an Abtreibung. Sie bekommt einen Weinkrampf und Mama führt sie hinaus.

Asagai, Beneathas Bekannter, erscheint. Er hat ihr Geschenke mitgebracht: Kleidungsstücke aus Nigeria und Schallplatten mit afrikanischer Musik. Beneatha probiert die Kleider an und Asagai zeigt ihr vor dem Spiegel, wie man sie trägt. Er bewundert ihr Aussehen, doch stört es ihn, dass sie ihr von Natur aus krauses Haar geglättet hat. Er hält ihr vor, sich trotz ihrer Suche nach ihren afrikanischen Wurzeln an die amerikanische Kultur angepasst zu haben. Sie versucht ihm zu erklären, dass sie bei allem

Interesse für Afrika eine emanzipierte junge Frau mit eigenen Wünschen sei. Mama kommt zurück und macht höfliche Konversation mit dem Gast, verrät aber erneut ihre Unwissenheit über Afrika. Asagai verabschiedet sich und Beneatha betrachtet im Spiegel noch eine Weile ihre nigerianische Tracht.

Der Postbote klingelt. Travis ist als Erster zur Stelle und nimmt den von allen sehnsüchtig erwarteten Scheck in Empfang. Er händigt ihn der Großmutter aus, die den Umschlag öffnet und wie betäubt auf das Papier starrt. Travis muss die Nullen zählen und bestätigt die Summe von 10 000 Dollar. Mama denkt sofort an Ruth. Der Verdacht, diese könne eine Abtreibung erwägen, lässt ihr keine Ruhe. Sie möchte von ihrer Schwiegertochter bestätigt wissen, dass sie bei einer fremden Ärztin gewesen ist und nicht beim Hausarzt der Familie. Ehe Ruth antworten kann, stürzt Walter aufgeregt herein. Sofort fragt er, ob der Scheck schon da sei und bestürmt seine Mutter mit seinen geschäftlichen Plänen. Sie unterbricht ihn und lehnt den Kauf eines Spirituosenladens rundheraus ab. Walter ist außer sich, doch Mama erklärt das Thema für beendet. Er lässt seiner Frustration über seinen Job, seine Ehe und seine Chancenlosigkeit nun freien Lauf und beklagt sich, von der Familie nicht verstanden zu werden. Seine Mutter hält ihm vor, er rede nur noch von Geld, aber Geld sei nicht alles. Sie macht sich Sorgen um sein Verhältnis zu Ruth und fragt ihn, ob er wisse, dass seine Frau schwanger sei und sich mit dem Gedanken trage, das Kind abzutreiben. Ruth kommt in diesem Augenblick zurück und bestätigt Mamas Vermutung. Walter verschlägt es die Sprache; er geht wortlos hinaus.

Act II, Scene One

Es ist etwas später am selben Tag. Ruth bügelt und Beneatha probiert ihre afrikanischen Kleider an. Sie spielt eine der von Asagai mitgebrachten Schallplatten ab und führt dazu einen imaginären nigerianischen Volkstanz auf. Während dieser Darbietung kommt Walter angetrunken nach Hause. Zusammen mit seiner Schwester improvisiert er einen Kriegstanz, wobei er auf den Tisch springt und als Stammeshäuptling seine schwarzen Brüder zum Kampf anfeuert. Seine Ekstase findet ein abruptes Ende, als George Murchison, Beneathas Verehrer, erscheint. Er ist mit ihr zu einem Theaterbesuch verabredet und wundert sich über ihre Kostümierung. Beneatha nimmt ihren Kopfschmuck ab und enthüllt ihre neue Afro-Frisur. Ruth ist entsetzt und auch George hat Einwände. Er ist von Beneathas Stolz auf ihre afrikanische Abstammung nicht begeistert. Sie hält ihm vor, seine eigene Herkunft zu verleugnen und sich der Kultur der weißen Mehrheit angepasst zu haben.

Walter kommt, nachdem er kurz im Badezimmer war, zurück und schaltet sich in die Auseinandersetzung ein. Er versucht, George zu provozieren, aber dieser bleibt gelassen. Auch als Walter anfängt, von großen Geschäftsideen zu reden, lässt er sich nicht aus der Reserve locken. Bevor er sich mit Beneatha entfernt, nennt er Walter einen Prometheus, eine Anspielung auf dessen in seinen Augen unangemessene Überheblichkeit. Walter lässt seinen Ärger nun an Ruth aus. Als er merkt, dass er zu weit gegangen ist, tut sie ihm leid. Er beruhigt sich langsam und es kommt zu einem versöhnlichen Gespräch zwischen den beiden.

Mama kehrt nach längerer Abwesenheit nach Hause zurück. Sofort will Walter wissen, wo sie gewesen ist. Mama wartet, bis Travis kommt, um ihm und den anderen mitzuteilen, dass sie von ihrem Geld ein Haus gekauft hat. Walter springt wütend auf und wendet sich ab. Ruth dagegen ist überglücklich, erhebt die Arme wie zum Gebet und dankt Gott. Sie fragt Mama, was das Haus kostet und wo es liegt. Als diese sagt, das Haus sei in Clybourne Park, einem Wohnbezirk für Weiße, dreht sich Walter ungläubig zu ihr herum. Auch Ruth ist zunächst erschrocken, zeigt sich jedoch nach kurzem Zögern fest entschlossen, das Wagnis einzugehen. Euphorisch verabschiedet sie sich von dem dunklen Apartment und seiner bedrückenden Atmosphäre. Mama äußert ebenfalls ihre Hoffnung auf einen Neuanfang und eine glückliche Zukunft für die ganze Familie. Nur Walter ist innerlich tief getroffen. Er wirft seiner Mutter vor, sich über seine Gefühle hinweggesetzt und seinen Lebenstraum zerstört zu haben. Nachdem er und Ruth gegangen sind, bleibt Mama allein zurück. Sie wirkt niedergeschlagen und grübelt vor sich hin.

Act II, Scene Two

An einem Freitag ein paar Wochen später bringt George Murchison Beneatha nach einem gemeinsam verbrachten Abend nach Hause. Herumstehende Kisten deuten an, dass die Familie sich auf den Umzug vorbereitet. George versucht, Beneatha zu küssen, aber sie wehrt ihn ab. Sie möchte sich lieber mit ihm unterhalten, doch George gibt ihr zu verstehen, dass er an tiefgehenden Gesprächen nicht interessiert ist. Beneatha beendet die Unterhaltung und schickt ihn fort. Mama kommt müde von der Arbeit zurück. Beneatha beklagt sich über ihren Verehrer und nennt ihn einen Dummkopf („fool"). Die Mutter scheint auch nicht viel von Murchison zu halten. Sie rät ihrer Tochter, ihre Zeit besser nicht mit Dummköpfen zu verbringen, und Beneatha ist für diese Bemerkung dankbar.

Es folgt ein Gespräch zwischen Mama und Mrs Johnson, einer schwatzhaften Nachbarin, die den Youngers mit boshaften Bemerkungen Angst machen möchte. Sie hat eine Zeitung mitgebracht und verweist auf eine Meldung, wonach eine schwarze Familie aus ihrer Wohnung herausgebombt worden ist. Dabei schildert sie genüsslich, wie demnächst eine ähnliche Schlagzeile über einen Anschlag in Clybourne Park erscheinen könnte. Mama bleibt ruhig. Sie kennt die missgünstige Wesensart ihrer Nachbarin und lässt sich von ihrem Gerede nicht beeindrucken.

Mrs Arnold, die Ehefrau von Walters Arbeitgeber, ruft an und fragt, warum der Chauffeur ihres Mannes seit drei Tagen nicht mehr erschienen sei. Ruth, die den Anruf entgegennimmt, und Mama stellen Walter zur Rede. Er sagt, er habe sich tagsüber herumgetrieben und sei abends in sein Stammlokal gegangen. Er fühle sich deprimiert und nutzlos, nachdem Mama seinen Lebenstraum zerstört habe. Diese hat Gewissensbisse und entschuldigt sich. Sie habe immer nur das Beste für ihren Sohn und die ganze Familie gewollt. Dann nimmt sie ihr Geld aus der Handtasche und legt es vor ihn hin. Von den 10 000 Dollar hat sie 3 500 für das Haus angezahlt. Die verbliebenen 6 500 vertraut sie ihm an und ernennt ihn gleichzeitig zum Oberhaupt der Familie. Die einzige Bedingung sei, dass er 3 000 Dollar für Beneathas Ausbildung auf ein Sparkonto einzahlen müsse. Über den Rest könne er frei verfügen. Walter ist überwältigt von den Möglichkeiten, die sich ihm nun eröffnen. Als Travis ihm Gute Nacht sagen will, hält er ihn zurück und schildert ihm in leuchtenden Farben, wie er als reicher Geschäftsmann in Zukunft leben werde. Seinem Sohn und seiner Familie wolle er die Welt zu Füßen legen.

Act II, Scene Three

Es ist eine Woche später und der Tag des Umzugs ist gekommen. Die Stimmung ist ausgelassen. Ruth freut sich darauf, zum ersten Mal ein Bad im eigenen Haus nehmen zu können. Auch Walter ist glücklich und tanzt mit seiner Frau wie in alten Zeiten. Die allgemeine Fröhlichkeit wird durch das Erscheinen eines weißen Herrn mittleren Alters mit Hut und Aktentasche unterbrochen. Er stellt sich als Karl Lindner vor und erklärt, er sei im Auftrag der Clybourne Park Improvement Association gekommen, um der Familie mitzuteilen, dass die Anwesenheit von schwarzen Nachbarn bei den Anwohnern unerwünscht sei. Seine Organisation sei jedoch bereit, den Youngers das Haus abzukaufen und ihnen dabei finanziell entgegenzukommen. Ruth, Beneatha und Walter sind entrüstet. Walter weist dem Mann kurzerhand die Tür.

Mama und Travis kommen hinzu. Die drei anderen berichten von Lindners Besuch. Mama ist zutiefst beunruhigt, lehnt aber das Ansinnen der Einwohner von Clybourne Park ebenfalls ab. Während sie mit dem Verpacken ihrer Pflanze beschäftigt ist und damit zu verstehen gibt, dass der Umzug wie vorgesehen stattfindet, kehrt allmählich die gute Laune zurück. Zur Feier des Tages bekommt Mama einen Satz Gartengeräte und von Travis einen viel zu großen Sonnenhut geschenkt. Gerade hat die Fröhlichkeit ihren Höhepunkt erreicht, da erscheint Bobo, ein Freund Walters, mit allen Anzeichen einer schlechten Nachricht. Stockend erzählt er, was sich ereignet hat: Willy Harris hat das ihm anvertraute Geld unterschlagen und ist damit verschwunden. Es stellt sich heraus, dass Walter ihm nicht nur seinen eigenen Anteil, sondern auch die für Beneatha bestimmte Summe übergeben hat, statt diesen Betrag, wie versprochen, auf ein Bankkonto einzuzahlen. Walter wirft sich verzweifelt zu Boden und Mama verliert ebenfalls die Fassung. Sie schlägt Walter ins Gesicht, sodass Beneatha eingreifen und sie zurückhalten muss. Außer sich bei dem Gedanken an ihren verstorbenen Mann, der sich für die Familie aufgeopfert hat, fleht Mama Gott um Kraft und Beistand an.

Act Three

Eine Stunde später liegt noch immer eine gedrückte Stimmung über der Familie. Walter und seine Schwester brüten schweigend vor sich hin. Asagai kommt, um beim Packen zu helfen. Beneatha berichtet ihm, was geschehen ist. Sie ist deprimiert und glaubt nicht mehr an ihre Zukunft als Ärztin. Asagai tadelt sie für ihren Pessimismus und legt ihr seine Pläne und Hoffnungen dar. Er will nach Afrika zurückkehren und möchte Beneatha gern in seine und, wie er meint, auch ihre Heimat mitnehmen. Beneatha will sich nicht sofort entscheiden und Asagai verlässt sie mit der Bitte, über seinen Vorschlag nachzudenken.

Walter erwacht aus seiner Erstarrung. Während seine Schwester ihn mit sarkastischen Bemerkungen über seine Begabung als Geschäftsmann verhöhnt, sucht er hektisch nach einem Zettel mit Lindners Adresse und verlässt damit die Wohnung. Mama schlägt vor, den Umzug abzusagen. Sie gibt sich geschlagen und macht sich selbst den Vorwurf, überheblich gewesen zu sein. Ruth dagegen möchte das Haus nicht aufgeben.

Walter kommt zurück. Er hat Lindner angerufen und möchte mit ihm verhandeln. Mama protestiert heftig. Sie warnt ihren Sohn vor dem Verlust seiner Ehre. Beneatha ist voller Verachtung für ihren Bruder, als dieser einen Sklaven imitiert, der seinen weißen Herren auf Knien um Geld bittet. Mama jedoch zeigt Verständnis für Walter und weist Beneatha darauf hin, dass dieser es nicht leicht hatte und gerade jetzt ihre Unterstützung brauche.

Lindner kommt und breitet seine Akten vor sich aus in Erwartung einer Unterschrift unter die Vereinbarung. Im Namen seiner Mutter und der ganzen Familie beginnt Walter erst zögernd, dann aber immer freier zu sprechen. Zur allgemeinen Überraschung erklärt er, dass ein Verzicht auf das Haus nicht infrage komme. Er und seine Familie seien einfache Leute, aber sie hätten dennoch ihren Stolz. Lindner packt seine Sachen wieder zusammen und geht. Mama, Ruth und Beneatha sind plötzlich wie verwandelt. Voller Bewunderung für Walter brechen sie auf, während die Möbelpacker mit dem Ausräumen der Wohnung beginnen. Mama sieht sich noch einmal im Wohnzimmer um und für einen Moment scheinen sie ihre Gefühle zu übermannen. Sie verlässt die Wohnung, kommt aber noch einmal kurz zurück, um ihre Pflanze zu holen, die sie in der Aufregung beinahe vergessen hätte.

Textanalyse und Interpretation

1 Personen

A Raisin in the Sun ist ein Theaterstück, dessen Wirkung von den Personen ausgeht. Es sind die individuellen Charaktere und ihre unterschiedlichen Erwartungshaltungen, die unser Interesse erregen. Gemeinsamkeiten und Gegensätze der einzelnen Familienmitglieder, das Verbindende und das Trennende der verschiedenen Generationen erzeugen ein Netz von Spannungen, das eine Unterscheidung in Haupt- und Nebenpersonen kaum zulässt. Jeder einzelne Charakter ist wichtig und trägt seinen Teil zur Dynamik des Geschehens bei.

Personenübersicht

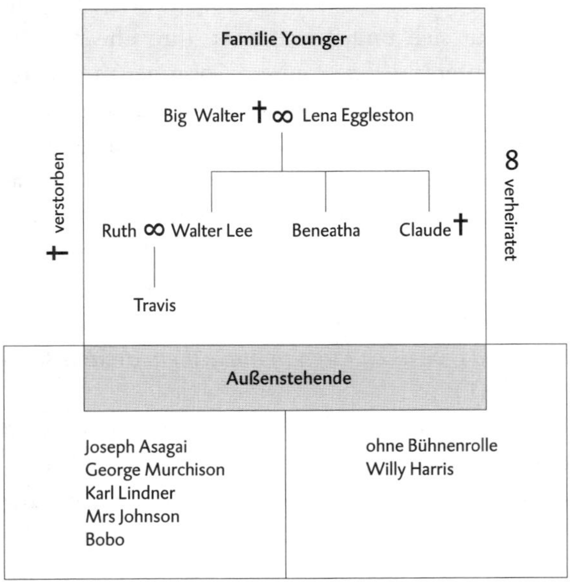

Lena Younger (Mama)

Lena ist eine eindrucksvolle Erscheinung. In den Regieanweisungen wird sie ausführlich beschrieben: Anfang sechzig, körperlich robust, weiße Haare, dunkelbraune Hautfarbe. Sie wirkt gelassen, stolz und würdevoll und vermittelt den Eindruck einer kraftvollen, an ihre afrikanischen Vorfahren erinnernden Schönheit: "[...] rather as if she imagines that as she walks she still bears a basket or a vessel upon her head." (S. 39) Ihre Gesichtszüge verraten Charakterstärke, Lebensklugheit und Mutterwitz. Sie hat viel Leid gesehen und ertragen – sicher ein Grund, warum sie lebhaft am Leben anderer Anteil nimmt. Zuwendung und Hilfsbereitschaft sind fester Bestandteil ihres Wesens.

Lena Eggleston, wie sie vor ihrer Heirat hieß, ist von ihrer Herkunft aus dem Süden der Vereinigten Staaten geprägt: "I come from five generations of people who was slaves and sharecroppers [...]", sagt sie voller Stolz zu Walter, als sie an sein Ehrgefühl appelliert. (S. 143) Immer schon war die Familie Mittelpunkt ihres Lebens. Mit ihrem Mann teilte sie die Hoffnung auf ein besseres Leben für sich und ihre Kinder. Ihre Ehe mit Big Walter, wie er im Unterschied zu seinem Sohn genannt wird, war jedoch nicht immer glücklich. Aus ihrem Mund erfahren wir, dass ihr Mann anderen Frauen nachlief, aber diese Seite seines Charakters hat sie wohl oder übel hingenommen. Als Familienvater dagegen war und ist er für sie noch immer ein leuchtendes Vorbild. Ebenso wie ihr selbst gingen auch ihm seine Kinder über alles. Voller Stolz zitiert sie ihn mit den Worten:

> *Seem like God didn't see fit to give the black man nothing but dreams – but He did give us children to make them dreams seem worth while.* (S. 45 f.)

Im Mittelpunkt der Träume, die sie mit ihrem Mann teilte, stand der Besitz eines eigenen Hauses. Hierfür kämpfte er allen Schicksalsschlägen zum Trotz bis zuletzt. Seine Lebensversicherung von 10 000 Dollar ermöglicht seiner Frau nun die Erfüllung des gemeinsamen Traums. Dieses Geld in Big Walters Sinn zu verwenden, ist daher für Lena sehr wichtig. Als sie erfährt, dass ihr Sohn die ihm anvertraute Summe leichtfertig verschleudert hat, wendet sie sich an ihn mit den Worten:

> *I seen him [Big Walter] grow thin and old before he was forty ... working and working and working like somebody's old horse ... killing himself ... and you – you give it all away in a day.* (S. 129)

Wie Big Walter geht es auch Lena um die Zukunft der Familie, nicht um ihr eigenes Leben. Sie ist bereit, die gesamte Summe für die Kirche zu spenden, wären da nicht ihre Kinder und ihr Enkel, der in einer anderen Umgebung aufwachsen soll, als sie die enge Wohnung im armen Southside-Viertel bieten kann.

Zu den traditionellen Werten, denen Lena ihr ganzes Leben hindurch treu geblieben ist, gehört auch ihre Frömmigkeit. Ihr unerschütterlicher Glaube hat ihr schon immer über die Tiefpunkte des Lebens hinweggeholfen und auch in der schweren Krise, in die sie durch Walters Schuld hineingerät, wendet sie sich an Gott und bittet um Hilfe und Kraft. Gemeinsam mit ihrer Schwiegertochter Ruth schöpft sie im Alltag Mut und Hoffnung aus Gospelsongs und Spirituals.

Lenas traditionell-matriarchalisches Verständnis ihrer Rolle in der Familie bringt sie in Konflikt mit ihren Kindern. Für Walter und Beneatha ist ihr Autoritätsanspruch nur erträglich, solange er mit den eigenen Interessen und Vorstellungen in Einklang zu bringen ist. Beneatha erkennt die liebevolle Anteilnahme ihrer Mutter durchaus an, so etwa als diese ihrem Urteil über George Murchison zustimmt. Mit Lenas Religiosität allerdings kann sie als moderne, aufgeklärte Frau nichts anfangen. Noch schwerer wiegt der Konflikt mit Walter, dessen auf finanziellen Erfolg gegründete Wertvorstellungen mit Lenas moralischen Überzeugungen nicht vereinbar sind. Nur dadurch, dass sie auf die charakterliche Integrität ihres Sohnes vertraut, gelingt es ihr, ein Auseinanderbrechen der Familie zu verhindern. Indem sie ihre Bereitschaft bekundet, ihre Führungsrolle zu seinen Gunsten aufzugeben, überwindet sie sich selbst und macht den Weg frei, welcher der Familie einen Neuanfang ermöglicht.

Ruth Younger

Neben Mama ist Ruth die zweite eindrucksvolle Frauengestalt des Dramas. Sie ist etwa dreißig Jahre, wirkt aber älter. Man sieht ihr die Entbehrungen und Enttäuschungen an, die sie ertragen muss. In einigen Jahren wird sie als „settled woman" gelten, als eine reife Frau, die ihren Platz in der Gesellschaft gefunden hat. Sie führt ein Leben als Ehefrau, Hausfrau und Mutter, die sich um alles kümmert. Aus finanziellen Gründen arbeitet sie nebenbei noch für eine weiße Familie, was für sie eine zusätzliche Belastung ist, zumal ihre Arbeitgeberin ihr das Leben schwer macht.

Von Natur aus zurückhaltend und auf Ausgleich bedacht, versucht Ruth, Konflikte zu vermeiden und Frieden zu stiften, wo dies möglich ist. Wie Mama ist auch sie religiös eingestellt, wenn sie auch nicht denselben unerschütterlichen Glauben wie ihre Schwiegermutter hat. Ihre Ehe mit Walter leidet unter dessen Temperamentsausbrüchen. Er lässt seine Unzufriedenheit an ihr aus und macht sie für seinen mangelnden beruflichen Erfolg verantwortlich. Ihre Versuche, ihn auf den Boden der Tatsachen zurückzuholen, nützen wenig. Ihre Schwangerschaft ist sicher ungewollt. Der Gedanke an Abtreibung entspringt ihrer Verzweiflung über die scheinbar ausweglosen Schwierigkeiten des täglichen Lebens. Travis eine gute Mutter zu sein und ihn nicht zu sehr zu verwöhnen, kostet sie viel Kraft, und ein zweites Kind würde sie angesichts der beengten Wohnverhältnisse und der fehlenden finanziellen Mittel vollends überfordern.

Mit der Möglichkeit, ein eigenes Haus zu besitzen, verbindet sich für Ruth die Hoffnung auf eine Lösung ihrer Probleme. Sie könnte das Kind austragen und auch für ihre Ehe erwartet sie eine glückliche Wende. Mit religiöser Inbrunst dankt sie Gott, als Mama der Familie vom Kauf des Hauses berichtet:

> *All I can say is – if this is my time in life – MY TIME – to say good-bye – [...] then I say it loud and good, HALLELUJAH! AND GOOD-BYE MISERY ... I DON'T NEVER WANT TO SEE YOUR UGLY FACE AGAIN!* (S. 93 f.)

Auch der Umstand, dass das Haus in einem Weißen vorbehaltenen Viertel liegt, ist für sie kein Grund, die Hoffnung aufzugeben. Selbst als ihr klar wird, dass das Walter anvertraute Geld verloren ist, bleibt sie entschlossen, einen Neuanfang zu wagen. Zu Lena sagt sie: "[...] I'll work twenty hours a day in all the kitchens in Chicago [...] but we got to MOVE! We got to get OUT OF HERE!!" (S. 140) Am Schluss wird sie durch Walters Entscheidung bestätigt. Seine Ablehnung von Lindners Angebot eröffnet auch ihr die Aussicht auf eine glücklichere Zukunft.

Walter Lee Younger (Brother)

Walter, etwa Mitte dreißig, ist ein schlanker, nervös wirkender Mann. Sein sprunghaftes Verhalten verrät einen leidenschaftlichen und emotionalen Charakter. Er ist leicht verletzlich und fühlt sich ständig missverstanden: "Nobody in this house is ever going to understand me." (S. 38) Sein Verhalten gegenüber den Frauen der Familie ist von traditionellem männlichem Chauvinismus geprägt. Ruth wirft er vor, ihn bei seinen geschäftlichen Plänen zu wenig zu unterstützen. Beneatha macht er Vorhaltungen wegen ihres in seinen Augen überflüssigen Medizinstudiums. Als Frau solle sie Krankenschwester werden und den Arztberuf Männern überlassen.

Walters Ehrgeiz ist es, durch materiellen Erfolg gesellschaftlich anerkannt zu werden. Nachdem die Mutter ihm einen Teil der Versicherungssumme überlassen hat, glaubt er, durch geschickte Investitionen in kurzer Zeit ein Vermögen erwerben zu können. Seinem Sohn Travis schildert er fantasiereich seine Zukunft als Geschäftsmann mit allen Attributen eines klischeehaften amerikanischen Traums wie Villa, Dienstboten, Luxuslimousinen, Privatschulerziehung usw. und endet mit den Worten: "I hand you the world!" (S. 109) Wenn diese Zukunftsvisionen auch nicht frei sind von bitterer Selbstironie, so zeigen sie doch, mit welcher Leidenschaft er seine Wunschvorstellungen verfolgt.

Allerdings fehlen ihm die für eine solche Karriere erforderlichen Voraussetzungen. Die Sorglosigkeit, mit der er dem Gauner Willy Harris Mamas Geld anvertraut und den einfältigen Bobo mit dessen Begleitung beauftragt, lässt nicht gerade auf umsichtiges Geschäftsgebaren schließen. Auffallend ist auch, über wie wenig Bildung Walter verfügt. Es fehlt ihm nicht an Intelligenz und Beredsamkeit, aber da er nur eine Ghettoschule besucht haben kann, reichen seine Kenntnisse nicht über das zur Bewältigung des Alltags Notwendige hinaus. Als George Murchison ihn einen Prometheus nennt und damit auf seinen übertriebenen Ehrgeiz anspielt, versteht er den Vergleich nicht und glaubt, George habe das Wort erfunden, um sich wichtig zu machen.

Walters lebhafte Fantasie zeigt sich auch, als er mit Beneatha einen afrikanischen Kriegstanz improvisiert. Er weiß wohl, dass seine Darbietung einer gewissen Komik nicht entbehrt, doch ist sein Tanz auch Ausdruck der Sympathie für die Afrikabegeisterung seiner Schwester. Wie diese identifiziert sich Walter mit seiner afrikanischen Herkunft, ganz im Gegensatz zu George Murchison, der die Szene abrupt unterbricht, indem er Walters Begrüßung als "Black Brother" mit einem mürrischen "Black Brother, hell!" (S. 79) zurückweist und dessen ausgestreckte Hand ignoriert.

Walters eigentliches Problem ist der Gegensatz zwischen Anspruch und Wirklichkeit in seinem Leben. Es bereitet ihm große Schwierigkeiten, seine hochfliegenden Erwartungen mit dem tatsächlich Möglichen in Einklang zu bringen. Erst der Verlust des Geldes bringt ihn zu der Einsicht, dass der Plan, durch den Verkauf von Spirituosen zu Reichtum und Ansehen zu kommen, ein Hirngespinst war, das ihn und die ganze Familie nur tiefer ins Unglück gestürzt hat. Auf diesem Tiefpunkt seines Lebens wird er durch Lindners Angebot vor die Entscheidung gestellt, seine Würde zu verlieren oder sich zu seiner neuen Rolle als Oberhaupt einer selbstbewussten schwarzen Familie zu bekennen. Sein großer Augenblick kommt am Schluss des dritten Aktes, als er sich dieser Herausforderung gewachsen zeigt. Hier gewinnt er die moralische Autorität eines verantwortlich handelnden Vaters, Ehemannes, Sohnes und Bruders, dem man trotz seiner Fehler und Schwächen zutraut, dass er die Familie nicht länger spalten, sondern mit ihr gemeinsam die sich abzeichnenden Schwierigkeiten meistern wird.

Beneatha Younger (Bennie)

Beneatha ist eine attraktive junge Frau von etwa zwanzig Jahren. Nicht nur äußerlich, sondern auch ihrem Wesen nach ähnelt sie ihrem Bruder. Sie sei „as slim and intense as her brother", heißt es in den Regieanweisungen. (S. 35) Wie dieser ist sie ehrgeizig und neigt dazu, sich große Ziele zu setzen. "I guess I always think things have more emphasis if they are big, somehow", sagt sie von sich und Ruth fügt hinzu: "You and your brother seem to have that as a philosophy of life." (S. 111)

Beneatha ist begabt und hat als einziges Familienmitglied die Möglichkeit, eine akademische Ausbildung zu absolvieren. Im Gegensatz zu Ruth verkörpert sie den Typ der modernen, selbstbewussten jungen Frau, die nach Unabhängigkeit strebt. Ihr Lebensziel ist nicht die traditionelle Frauenrolle, sondern Selbstverwirklichung in einem angesehenen Beruf. Außerdem interessiert sie sich für politische und kulturelle Themen. Viele ihrer Vorstellungen, z. B. über Religion oder die Emanzipation schwarzer Frauen, decken sich mit den Auffassungen der Autorin, und so ist es nicht verwunderlich, wenn man in ihr ein Selbstporträt der jungen Lorraine Hansberry gesehen hat.

Allerdings weist Beneatha auch weniger sympathische Eigenschaften auf. Sie leistet sich auf Kosten der Familie teure Hobbys wie Gitarrenstunden, Reiten und Fotografieren, während die anderen jeden Cent dreimal umdrehen müssen. Auf Vorhaltungen von Ruth und Mama hin erklärt sie "I experiment with different forms of expression" (S. 48), eine etwas überhebliche Begründung, denn offenbar glaubt sie, solche Privilegien stünden ihr aufgrund ihrer Bildung zu.

Auf der Suche nach einer eigenen Identität findet Beneatha in Asagai einen Partner, der ihr Interesse an afrikanischer Kultur befriedigen kann. Sie schätzt die Gespräche mit ihm und ist beeindruckt von seiner kompromisslosen Aufrichtigkeit. Wenn sie auf seinen Wunsch hin ein afrikanisches Kleid anprobiert und ihre Frisur ändert, so sind dies tastende Versuche, sich seiner Welt anzunähern. Trotz aller Sympathie für ihn und seine Ideale ist ihr jedoch bewusst, dass ein Dasein an der Seite eines nigerianischen Freiheitskämpfers sich mit ihren westlich geprägten Lebensansprüchen nur schwer vereinbaren lassen würde.

Als Asagai sie im dritten Akt auffordert, mit ihm nach Afrika zu gehen, ist sie zutiefst verunsichert. Der Verlust des Geldes, das für ihre Ausbildung bestimmt war, bringt sie zu der Einsicht, dass sie von ihrer Familie abhängig ist. Nun, da ihre beruflichen Zukunftspläne plötzlich fraglich geworden sind, sagt sie sich von ihrem Bruder los, der im Begriff ist, seine Würde gegen Geld zu verkaufen. Am Schluss wird sie durch Walters überraschenden Sinneswandel noch einmal vor eine neue Herausforderung gestellt. Die einmütige Entschlossenheit der Familie, allen Schwierigkeiten zu trotzen, verlangt auch von Beneatha, dass sie sich der Solidarität mit den anderen nicht entzieht. Für welchen Lebensweg sie sich letztlich entscheiden wird, bleibt der Zukunft vorbehalten.

Travis Younger

Travis, das jüngste Mitglied der Familie, ist ein aufgeweckter, umgänglicher Junge von etwa zehn Jahren. Er wird von Vater und Großmutter verwöhnt und nutzt dies auf seine Weise aus, z. B. wenn er Geld braucht. Seine Mutter versucht, möglichst streng mit ihm zu sein, denn sie fürchtet, er könne durch den Umgang mit den Straßenkindern des Viertels Schaden nehmen. Ihr Wunsch nach einem Haus entspringt auch der Hoffnung, Travis in einer besseren Umgebung aufwachsen zu sehen.

Für seine Eltern und Lena verkörpert der Junge die Zukunft der Familie. Lena wünscht ausdrücklich, dass Travis bei der entscheidenden Unterredung mit Lindner anwesend ist. Damit gibt sie Walter zu verstehen, dass er seine Handlungsweise auch vor Travis verantworten muss. Wenn Walter dann Travis zu sich ruft und ihn Lindner als sechste amerikanische Generation seiner Familie vorstellt, so zeigt dies, dass der Stolz auf seinen Sohn ein wichtiger Beweggrund für ihn ist, Lindner die Stirn zu bieten und den Schritt in eine ungewisse Zukunft zu wagen.

Joseph Asagai

Asagai steht für das selbstbewusste, gegen die Kolonialherrschaft kämpfende Afrika. Er stammt aus Nigeria und hält sich zu Studienzwecken in Nordamerika auf. Durch ihn wird die Frage nach einer eigenen Identität der Afroamerikaner thematisiert. Von allen Personen des Stücks vertritt er am nachdrücklichsten die Sichtweise der Autorin von einem besonderen afrikanischen Erbe der schwarzen Amerikaner.

Asagai ist kultiviert, höflich und gebildet. Er fühlt sich zu Beneatha hingezogen, weil er spürt, dass er ihr bei ihrer Identitätsfindung helfen kann. Dennoch kommt es zu Meinungsverschiedenheiten, denn Asagais idealistisches Zukunftsbild und sein kompromissloser Einsatz für die Befreiung seines Landes vom Kolonialismus stößt bei ihr auf Skepsis. Asagai glaubt an einen allmählichen Fortschritt hin zu einer neuen und letztlich besseren Welt, während Beneatha eine solche Vorstellung für wirklichkeitsfremdes Wunschdenken hält. Bei aller Sympathie, die er für sie empfindet, muss Asagai einsehen, dass Beneatha in einer anderen Kultur aufgewachsen ist und sich nicht einfach seinen Ideen und Wünschen anpassen wird. Immerhin verlässt er sie in der Hoffnung, sie werde noch einmal über seinen Vorschlag nachdenken und ihm nach Afrika folgen.

George Murchison

Murchison ist die Kontrastfigur zu Asagai. Er ist der typische „assimilationist“, der schwarze Amerikaner, der sich dem Lebensstil der weißen Mittelschicht anpasst und ihre Kultur übernimmt. An Beneatha schätzt er allein ihr attraktives Äußeres. “I don’t go out with you [...] to hear all about your thoughts” (S. 96 f.), sagt er zu ihr, und auf ihre Frage, warum er dann Bücher lese und studiere, fügt er hinzu: “You read books – to learn facts – to get grades – to pass the course – to get a degree.” (S. 97) Für ihn dient Bildung dem beruflichen Fortkommen bzw. der gesellschaftlichen Anerkennung sowie der Abgrenzung von einfachen Menschen wie Walter und Ruth. Sein Snobismus wird deutlich, wenn er Ruth mit Kenntnissen über New Yorker Theatergepflogenheiten beeindrucken will oder auf Walters geschäftliche Annäherungsversuche mit einsilbiger Ablehnung reagiert. Walter spürt natürlich Murchisons Verachtung und mokiert sich seinerseits über die stutzerhafte Kleidung und das angeberische Gehabe des „college boys“ mit seinen „fraternity pins“ und „white shoes“. (S. 84)

Beneathas Interesse an Afrika stößt bei Murchison auf heftigen Widerspruch. Er hasst es, wenn sie den Begriff „heritage“ gebraucht. “Let’s face it, baby, your heritage is nothing but a bunch of raggedy-assed spirituals and some grass huts!” (S. 81), sagt er wütend, und Beneatha verteidigt ebenso wütend ihre Bewunderung für Afrika, wenn sie – ganz im Sinne der Autorin – auf die Errungenschaften großer Kulturen des schwarzen Kontinents verweist: "The Ashanti were performing surgical operations when the English [...] were still tattooing themselves with blue dragons!" (S. 81)

Dass eine engere Beziehung zwischen ihr und George nicht infrage kommt, macht Beneatha schon in der ersten Szene klar, als sie zu ihrer Mutter sagt: "[...] I couldn't ever really be serious about George. He's – he's so shallow." (S. 48)

Mrs Johnson

Die kurze Begegnung mit der geschwätzigen Nachbarin ist für den Gang der Handlung entbehrlich und wird bei Aufführungen meist gestrichen. Wilhelmina Othella Johnson ist eine komische Figur und erinnert mit ihren lebhaften Gebärden und ihrem unkontrollierten Geschwätz ein wenig an stereotype schwarze Theaterrollen in Boulevardstücken oder Unterhaltungsshows. Sie ist der Typ der neugierigen, eifersüchtigen Klatschtante. Ihre taktlosen Fragen und Bemerkungen sind oft beleidigend, ja sogar bösartig, so z. B. wenn sie andeutet, dass die Youngers binnen eines Monats in ihrem neuen Haus Opfer eines Bombenanschlags sein könnten.

In auffallendem Gegensatz dazu behandelt Lena die Nachbarin zwar reserviert, aber höflich und geduldig. Meist vermeidet sie es, auf deren versteckte Provokationen einzugehen. Nur als Mrs Johnson die Youngers als „proud-acting bunch of colored folks" (S. 103) bezeichnet und Booker T. Washington zitiert, widerspricht sie ihr. Für viele zeitgenössische Zuschauer war der Name vermutlich ein Begriff. Der afroamerikanische Pädagoge und Sozialreformer Booker T. Washington entwickelte um 1900 ein Programm, wonach Schwarze sich vor allem auf landwirtschaftliche und handwerkliche Fertigkeiten beschränken und so in Harmonie mit den Weißen leben sollten. Vor der sozialen

Gleichstellung müsse erst einmal eine solide wirtschaftliche Existenz geschaffen werden. Für Lena steht ein Ausspruch wie "Education has spoiled many a good plow hand" (S. 103) für eine verfehlte Philosophie. Mrs Johnson ist entrüstet, dass ihre sonst so zurückhaltende Gesprächspartnerin eine schwarze Autorität wie Booker T. als „fool" bezeichnet, und zieht sich beleidigt zurück.

Karl Lindner

Der einzige weiße Charakter des Stücks ist ein unscheinbarer Mann mittleren Alters, korrekt gekleidet und mit einer Aktentasche ausgestattet. Er tritt übertrieben höflich auf und wirkt unsicher und nervös. Der freundliche Empfang durch Ruth und Walter macht es ihm nicht leichter, seine Botschaft zu überbringen. Nur zögernd und weitschweifig kommt er zur Sache. Es ist nicht ganz klar, inwieweit Lindner sich persönlich mit den Interessen der Organisation identifiziert, die ihn geschickt hat. Vielleicht glaubt er wirklich, den Youngers einen Gefallen zu tun, indem er sie vor einem unüberlegten Schritt warnt und ihnen eine großzügige finanzielle Entschädigung anbietet. Jedenfalls ist Walters heftige Reaktion in der Schlussszene für ihn nicht nachvollziehbar. Wenn Lindner beim Hinausgehen zu Walter sagt "You just can't force people to change their hearts, son" (S. 119), so hat man den Eindruck, dass er hier sein persönliches Bedauern ausdrücken möchte. Für ihn sind die Youngers anständige Menschen, die sich durch ihren Starrsinn in Schwierigkeiten bringen. Warum sie dies tun, versteht er nicht.

Bobo

Bobo ist neben Willy Harris, den wir auf der Bühne nicht zu sehen bekommen, der zweite Geschäftspartner Walter Lees. Als Überbringer der Schreckensnachricht vom Verlust des Geldes fällt ihm eine ähnlich undankbare Rolle zu wie Lindner. Bobo ist ein bemitleidenswerter Verlierertyp; er ist arm, offensichtlich nicht sehr intelligent, leichtgläubig und vertrauensselig. Im Gegensatz zu Willy, der seine Freunde ohne jeden Skrupel betrügt, ist Bobo ehrlich und zuverlässig. Er vertraut auf Walters Geschäftsidee und investiert seine gesamte Habe in die gemeinsame Unternehmung. Dennoch macht er Walter keine Vorwürfe, sondern bedauert ihn mehr als sich selbst. Beide sind Opfer des gerissenen Gauners Willy Harris, der wohl von Anfang an die Absicht hatte, mit dem Geld seiner gutgläubigen Bekannten zu verschwinden.

2 Dramenstruktur, Sprache und Symbolik

Dramenstruktur

A Raisin in the Sun steht in der Tradition des klassischen modernen Theaters. Die wesentlichen Formelemente entsprechen dem britisch-amerikanischen Dramenstil der Zeit nach dem Zweiten Weltkrieg. Dazu zählen ein realistisches Bühnenbild, eine chronologische Akt- und Szenenfolge, die Darstellung von Alltagssituationen und die Verwendung von Umgangssprache. In Hansberrys Stück gehört dazu auch die konventionelle Struktur von Ort, Zeit und Handlung. Alle Szenen spielen am selben Ort, in diesem Fall in der Wohnung der Youngers, sie umfassen eine überschaubare Zeitspanne von wenigen Wochen und schildern eine zusammenhängende Folge von Ereignissen.

Die Gliederung in drei Akte entspricht in etwa dem überlieferten Schema von steigender Handlung *(rising action)*, Höhepunkt *(climax)* und fallender Handlung *(falling action)*. Weitere typische Formelemente sind Exposition *(exposition)*, Konflikt *(conflict)*, Wendepunkt *(turning point)*, Spannung *(tension)* und Auflösung *(denouement)*.

Im Einzelnen stellt sich die Verlaufsstruktur wie folgt dar (dazu Grafik, S. 35): In I, 1 wird die Ausgangssituation umrissen *(exposition)*. Ruth und Walter führen ein kontroverses Zwiegespräch, wobei die Erwähnung des Schecks als „erregendes Moment" *(inciting force)* dient. Die Frage, was mit dem Geld geschehen soll, steht von nun an als Spannungselement im Raum. Alle Personen sind davon betroffen und Mamas Traum von einem Haus für die ganze Familie stellt den Ausgangspunkt der steigenden Handlung dar. Diese beginnt in I, 2 und ist gekennzeichnet durch weitere Spannungselemente wie Ruths Schwangerschaft, die Ankunft des Schecks und Mamas Weigerung, das Geld für Walters geschäftliche Pläne zu verwenden. Die folgende Szene (II, 1) führt zum Konflikt zwischen Mama und Walter.

Ein erster Höhepunkt wird in II, 2 erreicht, als Mama ihrem Sohn den größten Teil des Geldes überlässt und damit die Krise heraufbeschwört. Die Autorin bedient sich hier des Mittels der dramatischen Ironie: Als Zuschauer ahnen wir, was die Personen des Stücks noch nicht wissen, nämlich dass Walters Pläne scheitern werden.

In II, 3 tritt anfangs eine Ruhepause ein (retardierendes Element). Die Stimmung ist gelöst, bis mit dem Erscheinen Lindners die Handlung erneut ansteigt und mit Bobos Schreckensnachricht auf den zweiten Höhepunkt getrieben wird. Die Enthüllung über den Verlust des Geldes stellt dann den Wendepunkt dar und leitet die fallende Handlung ein. Es kommt zu einer Auflösung der verschiedenen Handlungsstränge *(denouement)*. Sowohl für Ruths Probleme als auch für Beneathas Zukunft zeichnen sich Lösungsmöglichkeiten ab und mit Walters Entscheidung am Schluss hat die Familie ihr inneres Gleichgewicht gefunden.

Formschema

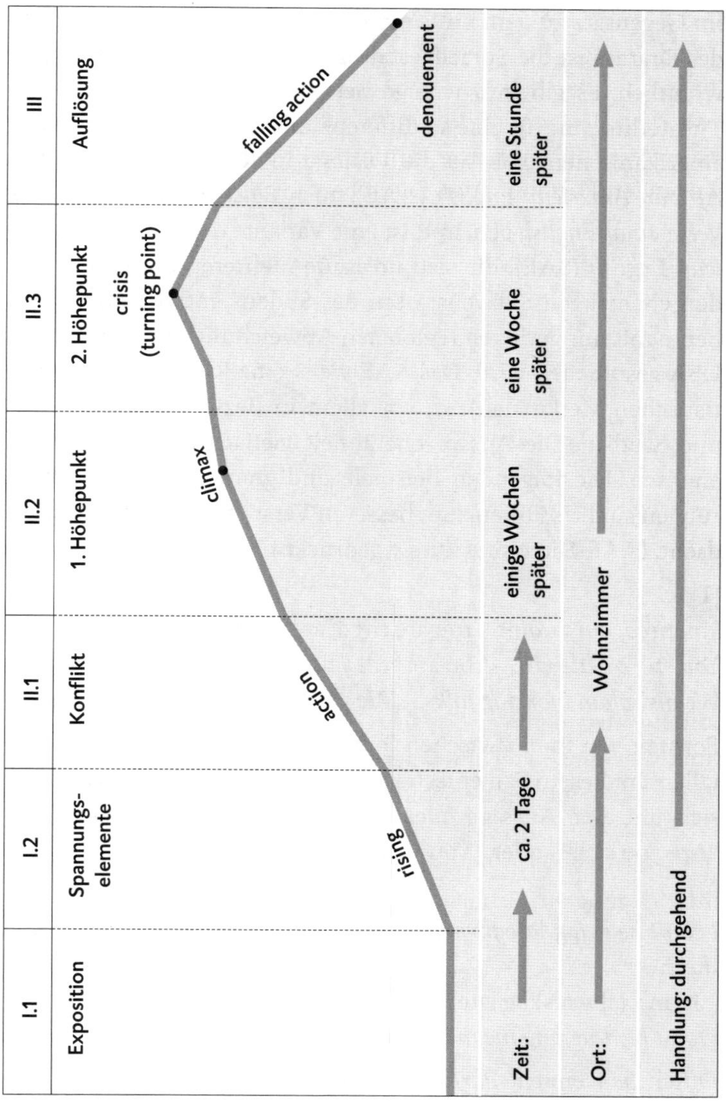
I.1
Exposition
I.2
Spannungs-
elemente
II.1
Konflikt
II.2
1. Höhepunkt
II.3
2. Höhepunkt
III
Auflösung
rising
action
climax
crisis
(turning point)
falling action
denouement
Zeit:
ca. 2 Tage
einige Wochen
später
eine Woche
später
eine Stunde
später
Ort:
Wohnzimmer
Handlung: durchgehend

Sprache

Im Gegensatz zu dem im Wesentlichen konventionellen Aufbau des Dramas ist die Sprachgestaltung in mancher Hinsicht ungewöhnlich. Es gibt nur wenige Beispiele in der amerikanischen Theaterliteratur für eine so differenzierte Verwendung des Afroamerikanischen, wie sie die Dialoge in *Raisin* aufweisen. Das *African American English* (AAE), auch *Black English* oder *Black Vernacular English* genannt, ist eine Variante des *Standard American English* (SAE), die sich im Laufe mehrerer Jahrhunderte in den ehemaligen Sklavenstaaten des Südens entwickelt hat und heute mit nur geringen regionalen Abweichungen überall in den USA gesprochen wird. Das AAE weist eine Reihe von charakteristischen Merkmalen auf, vor allem in Bezug auf Verbformen und Satzbau. Die Aussprache ähnelt vielfach dem Südstaatenenglisch. Die folgenden Beispiele und grammatischen Erläuterungen sind als Hilfen zum besseren Verständnis der Dialoge gedacht. (AAE-Sätze sind kursiv gedruckt.)

[1]

You tired, ain't you? – You are tired, aren't you?
You still a little girl. – You are still a little girl.
We just plain working folks. – We are just plain working folks.

Formen von *to be* zwischen Subjekt und Prädikat können wegfallen. In diesem Fall entscheiden Kontext und Intonation, ob es sich um eine Aussage oder eine Frage handelt: *You sick* kann "Are you sick?" oder "You are sick" bedeuten.

[2]

I can't be being late for work on account of him fooling around in there.
– I can't (always) be late …
Don't be dragging me in it. – Don't (always) drag me …

Durch *be + Present Participle* wird eine allgemeine Feststellung bezeichnet. Soll eine gerade stattfindende Handlung ausgedrückt werden, so fällt die *be*-Form meist weg:

He waiting for me outside. – He is (now) waiting …
Beneatha talking on the phone. – Beneatha is (just) talking …

[3]
What kind of eggs you want? – What kind of eggs do you want?
Why you always got to smoke before you eat?
– Why have you always got to smoke before you eat?

In Fragen können *have* und die *to do*-Umschreibung wegfallen.

[4]
You done spoiled that boy so. – You have spoiled …
You mean it really done come? – You mean it has really come?

Das *Present Perfect* wird meist mit *done* gebildet, andere Vergangenheitsformen mit *did* und *been (We did sing, I been seen him),* das Futur in der Regel mit *gonna (going to)*: *He gonna make much money.*

[5]
Man say to his woman …
His woman say …
(SAE: says)

Das Endungs *-s* in der 3. Person der *Present Tense*-Form wird meist weggelassen. Stattdessen wird *-s* oft an andere Personen angehängt: *I finds I can't close my eyes …*

[6]
Willy didn't never show up. – Willy never showed up.
I didn't have no reason … – I had no reason / I didn't have any reason …
Ain't nothing wrong with me to be lying in no bed for.
– There's nothing wrong with me to be lying in bed.
I don't know nothing about no one no more.
– I don't know anything about anyone any more.

Doppelte oder mehrfache anstelle einfacher Verneinung ist im AAE die Regel. *Ain't* ist eine generelle Verneinungsform. Sie kann für „am not", „isn't", „aren't", „haven't" und „hasn't" stehen und durch *nary* verstärkt werden: *We ain't going to give up nary another baby.*

Hansberry hält sich bei der Verwendung des Afroamerikanischen allerdings nicht an feste Regeln, sondern gestaltet die Sprache ihrer Figuren sehr flexibel. Jede Person wird durch eine individuelle Sprechweise charakterisiert. Walter, Ruth und Travis bedienen sich vorwiegend des Southside-Dialekts von Chicago, während Beneatha eine durch höhere Bildung bedingte, dem Standardamerikanischen angenäherte Sprechweise erkennen lässt. Hierin wird sie noch von George Murchison übertroffen, dessen Englisch sich vom Sprachverhalten der Weißen nicht mehr unterscheidet – ein Zeichen für die von ihm und seiner Familie angestrebte Assimilation. Lena und Mrs Johnson wiederum zeichnen sich, bedingt durch Alter und Herkunft, durch eine stark vom Südstaatendialekt der Schwarzen beeinflusste Sprache aus. Asagais Ausdrucksweise ist die eines gebildeten Afrikaners, der Englisch als Zweitsprache perfekt beherrscht. Davon zeugt sein umfangreicher Wortschatz, der auch schwierige Begriffe wie „assimilationism" oder „retrogression" einschließt. Lindner, der einzige weiße Charakter des Dramas, ist auch sprachlich ein Außenseiter. Sein pedantisch korrektes Standardenglisch ("not only do we deplore that kind of thing – but we are trying to do something about it") ist ebenso farblos wie seine ganze Erscheinung.

Eine solche allgemeine sprachliche Charakterisierung der Personen geht jedoch nicht weit genug. Ihr Sprachverhalten kann nämlich der jeweiligen Situation entsprechend stark variieren. In dieser Hinsicht erweist sich Walter Lee als wandlungsfähigster Sprecher. Sein lebhafter Redefluss zeugt von einem hohen Maß an sprachlicher Flexibilität und Kreativität. Wenn seine Fantasie mit ihm durchgeht, erfindet er aus dem Stegreif filmreife Szenen, wie in dem Zukunftstraum, den er für Travis entwirft. Hier schildert er, wie er vor seiner Luxusvilla dem eleganten Chrysler entsteigt und dem Gärtner im Vorübergehen ein leutseliges "Hello, Jefferson, how are you this evening?" zuruft. Weiter heißt es:

> *And I'll go inside and Ruth will come downstairs and meet me at the door and we'll kiss each other and she'll take my arm and we'll go up to your room to see you sitting on the floor with the catalogues of all the great schools in America around you ... [...] And – and I'll say, all right son – it's your seventeenth birthday, what is it you've decided?* (S. 109)

Es fällt auf, dass Walter sich hier ganz gegen seine sonstige Gewohnheit der Standardsprache bedient. Er hat in diesem Augenblick seine soziale Rolle gewechselt und ist zu einem erfolgreich angepassten Geschäftsmann geworden. Im zweiten Akt vollzieht er einen Rollenwechsel anderer Art, wenn er sich in einen afrikanischen Krieger verwandelt und in einen improvisierten afroenglischen Dialekt verfällt:

> *I'm digging them drums ... them drums move me! [...] In my heart of hearts – (He thumps his chest) – I am much warrior!* (S. 78)

Auch in dem daran anschließenden Dialog mit George Murchison betont er seine schwarze Identität, indem er sich durch die Verwendung des Afroamerikanischen bewusst von George distanziert:

> *And you – ain't you bitter, man? Ain't you just about had it yet? Don't you see no stars gleaming that you can't reach out and grab? You happy?* (S. 85)

Eine von Walters wirkungsvollsten Darbietungen findet sich gegen Ende des Dramas, als er seine Selbsterniedrigung vor Lindner demonstriert und einen schwarzen Sklaven nachahmt, der seinen Herrn auf Knien anfleht:

> *Captain, Mistuh, Bossman [...] A-hee – hee – hee! Oh, yassuh, boss! Yasssssuh! Great white – [...] Father, just gi' ussen de money, fo' God's sake, and we's – we's ain't gwine come out*

> *deh and dirty up yo' white folks neighborhood...* (S. 144)
> *(Yes, sir ... just give us the money, for God's sake, and we are not going to come out there and dirty your white folks' neighborhood.)*

Die Regieanweisung ("imitation of a slow-witted movie stereotype") deutet an, dass es sich hier um die Parodie eines Filmklischees handelt, und bestätigt Walters schauspielerisches und sprachliches Talent.

Auch Lena verfügt über ein differenziertes Sprachvermögen. Für gewöhnlich ist ihre Redeweise nachlässig ("as careless as her carriage is precise") und geprägt von einem deutlichen Südstaatenakzent ("she is inclined to slur everything"). Ab und zu kommt es zu rhetorischen Höhenflügen, besonders wenn sie ihre Überzeugungen mit ganzer Kraft vertritt. So sagt sie etwa, als Walter ankündigt, Lindners Angebot annehmen zu wollen:

> *[...] ain't nobody in my family never let nobody pay 'em no money that was a way of telling us we wasn't fit to walk the earth. We ain't never been that poor [...] We ain't never been that – dead inside.* (S. 143)

Rhythmus und Klang dieser Worte, etwa die Wiederholungen und Alliterationen ("a <u>w</u>ay of telling us <u>w</u>e <u>w</u>asn't fit to <u>w</u>alk the earth" oder die mit „n" beginnenden Verneinungen), dienen dazu, ihren unerschütterlichen Glauben an Würde und Gerechtigkeit auszudrücken und machen Lena hier zur Sprecherin ihrer afroamerikanischen Brüder und Schwestern.

In solchen Situationen erreicht Lena nicht selten das Niveau lyrischer Sprachkunst. Im Anschluss an Walters Parodie eines Sklaven klagt sie etwa:

> *Yes – death done come in this here house. [...] Done come walking in my house on the lips of my children. You what supposed to be my beginning again. You – what supposed to be my harvest.* (S. 144)

Eine solch kühne Bildersprache erinnert an moderne Gedichte.

Hinzu kommt bisweilen eine religiös inspirierte Rhetorik, wie im folgenden Beispiel, als sie Beneatha wegen deren Kritik an Walter tadelt:

> *Child, when do you think is the time to love somebody the most? When they done good and made things easy for everybody? Well then, you ain't through learning – because that ain't the time at all. It's when he's at his lowest and can't believe in hisself 'cause the world done whipped him so! When you starts measuring somebody, measure him right, child, measure him right. Make sure you done taken into account what hills and valleys he come through before he got to wherever he is.* (S. 145)

Stilistisch könnte dieser Text einer Predigt entstammen, wobei die Metaphern ("the world done whipped him so" und "what hills and valleys he come through") zwar an Bibelstellen erinnern, in Wahrheit aber originäre Erfindungen der Sprecherin (bzw. der Autorin) sind, die in symbolischer Form die kollektive Erfahrung eines unterdrückten Volkes widerspiegeln.

Einer ganz anderen sprachlichen Ebene des Dramas begegnet man in den ausführlichen Erläuterungen der Autorin, die in den Regieanweisungen enthalten sind. Hier herrscht eine essayistische Sprache vor, die das Theaterstück stellenweise zu einem Lesedrama macht. Neben ausführlichen Anmerkungen zu den Charakteren, ihrem Aussehen und ihren Ansichten findet man auch Hinweise auf deren Ausdrucksweise. So heißt es von Beneatha:

> *Her speech is a mixture of many things; it is different from the rest of the family's insofar as education has permeated her sense of English – and perhaps the Midwest rather than the South has finally – at last – won out in her inflection; but not altogether, because over all of it is a soft slurring and transformed use of vowels which is the decided influence of the Southside.* (S. 35)

Man sieht hier, welch genaue Vorstellungen die Autorin von den sprachlichen Eigenheiten ihrer Charaktere hat. Das Beispiel enthält darüber hinaus eine ergänzende Kommentierung: Beneatha unterscheidet sich durch ihre Bildung vom Rest der Familie.

Oft werden in den Regieanweisungen wichtige Einzelheiten erläuternd zum Bühnengeschehen hinzugefügt. So heißt es über die Wohnungseinrichtung:

> *Its furnishings are typical and undistinguished and their primary feature now is that they have clearly had to accommodate the living of too many people for too many years – and they are tired. Still, we can see that at some time, a time probably no longer remembered by the family (except perhaps for* MAMA*), the furnishings of this room were actually selected with care and love and even hope – and brought to this apartment and arranged with taste and pride.* (S. 23)

Diese Beschreibung geht weit über das bühnentechnisch Notwendige hinaus und enthält Hinweise auf die Familiengeschichte und die Thematik des Dramas. Die Zukunftserwartungen, die einmal mit der Anschaffung der Wohnungseinrichtung verbunden waren, sind im Lauf der Jahre einer zunehmenden Resignation gewichen. Anders ausgedrückt, der Traum von einem besseren Leben hat sich nicht erfüllt. Nun stellt sich die Frage, wie es weitergehen soll, oder wie es in Langston Hughes' Gedicht heißt: "What happens to a dream deferred?" Die anfängliche Beschreibung des Bühnenbildes enthält somit in verschlüsselter Form bereits das Grundproblem, um das es Hansberry in ihrem Drama geht.

Symbolik

An manchen Stellen macht die Autorin Gebrauch von symbolischen Bezügen. Im weitesten Sinn kann man das neue Haus als ein Symbol der Hoffnung deuten. Zu den Requisiten, die im Verlauf des Stücks eine symbolische Funktion übernehmen, gehört in erster Linie Mamas Pflanze. Das kümmerliche Gewächs ist während des gesamten Bühnengeschehens sichtbar und entfaltet immer dann, wenn im Text darauf verwiesen wird, eine besondere Ausdruckskraft. Schon bei Mamas erstem Auftritt heißt es:

> *She crosses through the room, goes to the window, opens it, and brings in a feeble little plant growing doggedly in a small pot on the windowsill. She feels the dirt and puts it back out.* (S. 39)

Die Charakterisierung „doggedly" (zäh, ausdauernd) macht eine Eigenschaft deutlich, die Lena und dem Objekt ihrer Fürsorge gemeinsam ist. Etwas später stellt Lena selbst eine Beziehung zwischen der Pflanze und ihren Kindern her:

> *Got to admit they got spirit – Bennie and Walter. Like this little old plant that ain't never had enough sunshine or nothing – and look at it …* (S. 52)

Als dann der Umzug bevorsteht, wird die Pflanze sorgfältig eingepackt, "so it won't get hurt none on the way." Beneatha protestiert: "Mama, you going to take *that* to the new house […] That raggedy-looking old thing?" und erhält als Antwort: "It expresses ME!" (S. 121)

„Her plant" oder „Mama's plant", wie dieses wichtige Requisit in den Regieanweisungen genannt wird, steht für Lena selbst, für ihren Charakter, ihr Leben und ihre Träume. So wie sie für die Familie sorgt, pflegt sie dieses Gewächs, das sie mit ihrer Herkunft aus dem ländlichen, agrarisch geprägten Süden verbindet. Einen Garten zu bestellen, ist in ihrer Vorstellungswelt mit dem Wachsen und Gedeihen ihrer Kinder verbunden. Nicht zufällig bezeichnet sie einmal ihre Nachkommen als ihre „Ernte" („harvest"). Der Wunsch, ein Haus zu besitzen, gipfelt in dem Traum von einem sonnigen Garten, in dem ihr Enkel ungestört spielen und sich entfalten kann. Bis es dazu kommt, muss die kleine Pflanze als Ersatz dienen, aber ohne Licht und nahrhaften Boden kann sie ebenso wenig gedeihen wie die Familie in ihrer trostlosen Umgebung. Dennoch ist sie ein Zeichen der Hoffnung und Ausdruck eines ungebrochenen Lebenswillens.

Beim Auszug vergisst Lena beinahe, die Pflanze mitzunehmen. Als sie zum Schluss noch einmal ins Zimmer kommt, um ihren Schützling zu holen, wirkt dies wie ein Signal des Aufbruchs und eine Kampfansage an die Zukunft.

3 Thematik

Hansberrys amerikanischer Traum und die Träume der Youngers

Wie andere amerikanische Schriftsteller des 20. Jahrhunderts setzt sich auch Hansberry mit dem „American Dream" auseinander. Sie fragt, was die Grundwerte der Vereinigten Staaten für die Gesellschaft allgemein, aber besonders für die schwarze Minderheit bedeuten. Es geht ihr darum zu zeigen, dass die schwarze Bevölkerung noch immer weitgehend von menschenwürdigen Lebensverhältnissen ausgeschlossen ist, obwohl sie den gleichen legitimen Anspruch auf Freiheit, Gerechtigkeit und Selbstverwirklichung hat wie alle Menschen.

Wie Martin Luther King in seiner berühmten Rede vor dem Lincoln Memorial in Washington im August 1963 hält Hansberry unbeirrt an der Überzeugung fest, dass dieser amerikanische Traum auch für das schwarze Amerika in Erfüllung gehen wird, wenn die Menschen nicht nachlassen, ihren moralischen Überzeugungen allen Widerständen zum Trotz treu zu bleiben. In seiner Mono-

Martin Luther King vor dem Lincoln Memorial

graphie *Hansberry's Drama* (siehe Literaturhinweise) meint Steven R. Carter: "The essence of her dramatic mission was her belief that the individual who emerges from conflict with his or her moral convictions and courage strengthened becomes thereby a force for progress in society." (Carter, S. 16)

Der Glaube an den gesellschaftlichen Fortschritt und die Überwindung der Rassendiskriminierung ist auch in den Youngers lebendig. Allerdings ist für sie der Weg dorthin lang und steinig. Die Hindernisse, die ihrer Hoffnung auf eine lebenswerte Zukunft entgegenstehen, stellen ihre Geduld auf eine harte Bewährungsprobe. Hinzu kommt, dass ihre individuellen Erwartungen höchst unterschiedlich sind. Letztlich ist es Lena, die sich als Rückgrat der Familie erweist. Hansberry sah in ihr eine typische Vertreterin des schwarzen Matriarchats, von dem sie sagte, es sei ein „bulwark of the Negro family since slavery; the embodiment of the Negro will to transcendence". (Carter, S. 52) Neben ihrem Willen zur Transzendenz, hier zu verstehen als Überwindung dessen, was den Menschen an seiner Entfaltung hindert, zeichnet Lena ein hohes Maß an Empathie und liebevoller Fürsorge aus. Damit schafft sie die Voraussetzung dafür, dass die Familie geeint und gestärkt den kommenden Herausforderungen entgegengehen kann.

Der Titel *A Raisin in the Sun* ist dem (im Vorspann des Textes abgedruckten) Gedicht *Harlem* von Langston Hughes entnommen. Es erschien 1951 zu einer Zeit, als die Verbitterung der schwarzen Bevölkerung überall in den Vereinigten Staaten einen Höhepunkt erreichte und sich ein Ventil suchen musste. Fast ein Jahrhundert nach Abschaffung der Sklaverei waren die Afroamerikaner immer noch Bürger zweiter Klasse und wurden auf fast allen Gebieten des öffentlichen Lebens benachteiligt. Wenige Jahre nach Erscheinen des Gedichts begannen die Protestaktionen der Bürgerrechtsbewegung unter Martin Luther King, die ihre Ziele auf friedlichem Weg zu erreichen suchte. Allerdings änderten sich die Verhältnisse nicht von heute auf morgen. Wie in jeder Zeit des Umbruchs mischten sich Hoffnung und Zweifel und so stellte sich die Frage, was geschehen würde, sollten die Hoffnungen auf eine Zukunft ohne Diskriminierung enttäuscht werden.

Auf diesen Hintergrund bezieht sich die erste Zeile des Gedichts: "What happens to a dream deferred?" Es folgen in Frageform mehrere Antwortmöglichkeiten. Als Vergleiche verwendet der Dichter dabei alltägliche Gegenstände und Begriffe, die das Gefühl der Frustration auf anschauliche Weise ausdrücken: eine in der Sonne vertrocknende Rosine, eine eiternde Wunde, verfaulendes Fleisch und ein klebriges, mit einer Zuckerkruste überzogenes Bonbon. Es folgt im zweiten Teil des Gedichts zunächst der Vergleich des Traums mit einer in die Tiefe sinkenden schweren Last, ein Bild, das an Freud und die psychoanalytische Traumtheorie erinnert, wonach ein Problem, das verdrängt wird, zu einer dauerhaften Erkrankung werden kann. In der letzten Zeile schließlich wird, durch Schrägdruck und vergrößerten Zeilenabstand hervorgehoben, die fatalste der möglichen Folgen genannt: die Explosion, also eine gewaltsame Entladung des durch die Verdrängung des Traums entstandenen psychischen Drucks. Indem Hansberry durch den Titel ihres Theaterstücks an dieses Gedicht erinnert, weist sie auf das Kernproblem hin: die soziale und kulturelle Ausgrenzung der überwiegenden Mehrheit der schwarzen Mitbürger und die daraus entstehenden Folgen.

Das Beispiel der Youngers zeigt stellvertretend für die allgemeine Situation der Afroamerikaner um die Mitte des 20. Jahrhunderts, welche Frustrationen sich aufstauen, wenn Menschen ihre individuellen Lebensentwürfe nicht verwirklichen können. Walter Lee möchte reich sein und seinem Sohn eine bessere Zukunft bieten, Beneatha möchte als Ärztin ihren Weg gehen, Ruth wünscht sich eine glückliche Ehe und Mama würde gern ein Haus und einen kleinen Garten besitzen. Allen gemeinsam ist das Gefühl, in ihrer engen Wohnung eingeschlossen zu sein. Das Ghetto wird zum Gefängnis und beraubt jedes einzelne Familienmitglied seiner persönlichen Zukunftsperspektive.

Aufbruch aus dem Ghetto

Das Problem des Wohnungswechsels wird für die Youngers zur Zerreißprobe. Haupthindernis ist nicht das fehlende Geld, sondern der weiße Rassismus, hier vertreten durch Mr Lindner und die Nachbarschaftsinitiative von Clybourne Park. Um zu verstehen, warum der Wegzug in eine menschenwürdige Umgebung für die Familie trotz der damit verbundenen Bedrohung durch die weißen Nachbarn so wichtig ist, muss man sich vor Augen führen, was das Leben im Ghetto bedeutete. Hansberry hat die Situation einmal wie folgt beschrieben:

> *[...] the ghetto kills, literally. Statistically, Negro men die the youngest of any group in this country: white men, Negro women, and white women follow in that order. I think housing is so important [that] I wrote a play about it."* (Carter, S. 48 f.)

Und einer gewissen Miss Oehler, welche die Entscheidung der Youngers am Schluss des Dramas in einem Brief an die Autorin als verschwommenen Idealismus bezeichnet hatte, antwortete sie:

> *I absolutely plead guilty to the charge of idealism. But simple idealism. You see, our people don't really have a choice. We must come out of the ghettos of America, because the ghettos are killing us; not only our dreams, as Mama says, but our very bodies. [...] You see, Miss Oehler, that is murder, and a Negro writer cannot be expected to share the placid view of the situation that might be the case with a white writer.*
> (Nemiroff, S. 131 f.)

In der Tat haben die Lebensverhältnisse im Ghetto schon zwei Mitglieder der Younger-Familie das Leben gekostet, bevor die

Handlung des Dramas einsetzt: Big Walter und Baby Claude, Mamas drittes Kind, sind Opfer der Armut geworden. Nun befürchtet Ruth, dass auch Travis körperlich und seelisch Schaden nehmen wird, wenn er nicht bald andere Freunde und Spielmöglichkeiten findet. Nur so lässt sich ihr Entsetzen erklären, als der Junge aufgeregt von der Jagd auf eine Ratte nach Hause kommt und stolz die grausamen Einzelheiten der Tötung schildert. Sicherlich denkt Ruth vor allem deshalb ernsthaft über eine Abtreibung nach, weil sie ein neugeborenes Kind nicht den Lebensbedingungen des Ghettos aussetzen möchte. Ruth und Mama sind Mütter, und für beide Frauen ist der Umzug eine Herzensangelegenheit.

Dennoch ist die Frage berechtigt, ob die Entscheidung der Youngers wirklich die richtige Antwort auf ihre sozialen Probleme ist oder ob sie nicht besser daran getan hätten, das Angebot Lindners anzunehmen, statt sich einer ungewissen, möglicherweise noch schwierigeren Zukunft auszuliefern. Auch Hansberry wurde des Öfteren mit entsprechenden Einwänden konfrontiert. So heißt es in einem Brief an sie:

> *Dear Miss Hansberry, … I'm a white native Georgian and I thought it was a wonderful play – and most informative from the Negro's viewpoint. I understand the moral, but I can't imagine what the future holds for this family. I wonder if you can explain whether the white neighborhood supposedly accepts them, or whether life continues to be the futile struggle it has always been for them.* (Nemiroff, S. 127)

Was dieser Briefschreiber nicht versteht – und Hansberry hat offensichtlich darauf verzichtet, ihm zu antworten – ist, dass die Annahme von Lindners Angebot eine Kapitulation vor dem Überlegenheitsanspruch der weißen Nachbarschaft darstellen würde, mit der die Familie diesen Anspruch und damit ihre eigene Minderwertigkeit bestätigt hätte. Hansberry kommentiert die Entscheidung mit den Worten:

> *I could no more imagine myself allowing the Youngers to accept his [Lindner's] obscene offer of money than I could imagine myself allowing them to accept a cash payment for their own murder.* (Osborne, S. xxxvvii)

Andere Kritiken gehen von der naiven Vermutung aus, dass die Youngers in ihrer neuen Umgebung als friedliebende Nachbarn toleriert und auch akzeptiert werden und verstehen den Dramenschluss als Happy End. Der Text lässt jedoch keinen Zweifel daran, dass die Familie selbst sich keine Illusionen über die Gefahren macht, die auf sie warten. Dazu trägt auch Lindners Bemerkung bei, wenn er sagt:

> *What do you think you are going to gain by moving into a neighborhood where you just aren't wanted and where some elements – well – people can get awful worked up when they feel that their whole way of life and everything they've worked for is threatened.* (S. 119)

Ähnliche Vermutungen äußert Mrs Johnson, obwohl sie auf ihre Art übertreibt, wenn sie schon die Schlagzeile der Lokalzeitung vor sich sieht: "NEGROES INVADE CLYBOURNE PARK – BOMBED!" (S. 102) Obwohl sie sich also der Gefahren durchaus bewusst sind, lässt Hansberry die Youngers am Schluss triumphierend aus dem Ghetto ausziehen. Sie unterstreicht damit die Opferbereitschaft, die notwendig ist, wenn es um den Kampf gegen Diskriminierung geht. Die Youngers wollen nicht provozieren und werden Konflikte vermeiden, wo dies möglich ist, aber sie sind entschlossen, gemeinsam ihre Rechte zu verteidigen.

Familie und Gesellschaft

Als Familie vereinen die Youngers verschiedene Altersgruppen auf engem Raum, sodass Generationenkonflikte unvermeidlich sind. Mama ist Anfang sechzig, Walter und Ruth sind Anfang bis Mitte dreißig, Beneatha ist zwanzig und Travis etwa zehn Jahre alt. Unterschiedliche Vorstellungen von den Geschlechterrollen kommen erschwerend hinzu. Mama vertritt konservative, Beneatha progressive Ideen und Verhaltensmuster, während Ruth sich meist ausgleichend verhält. Als Mann sieht Walter den drei Frauen gegenüber seinen Autoritätsanspruch in Gefahr. Mama ist am ehesten bereit, ihm die traditionelle männliche Rolle des Oberhaupts zuzugestehen, nachdem sie selbst diese nur stellvertretend für Big Walter übernommen hat. Als jüngere Frau der nächsten Generation lehnt Ruth es ab, sich ihrem Ehemann unterzuordnen, zumal sie sich von ihm vernachlässigt und ungerecht behandelt fühlt. Beneatha steht für einen jungen, emanzipierten Frauentypus und verkörpert die feministische Einstellung der Autorin. Hansberry macht an Beneathas Beispiel die Widerstände deutlich, auf die Frauen, und schwarze Frauen insbesondere, stoßen, wenn es um die gesellschaftliche Gleichstellung von Mann und Frau geht. Sie greift damit eine Problematik auf, die erst ab den Sechzigerjahren Gegenstand eines allgemeinen gesellschaftlichen Diskurses werden sollte.

Auch die Themen Schwangerschaft und Abtreibung spielen in diesem Zusammenhang eine wichtige Rolle. Kinder gelten, in schwarzen Familien womöglich noch mehr als in weißen, als großes Glück. Mama, die noch immer ihrem verstorbenen Baby nachtrauert, betrachtet Ruths Schwangerschaft als ein freudiges Ereignis, Abtreibung ist für sie undenkbar. Zu Walter sagt sie: "[We are] people who give children life, not who destroys them" und fährt fort:

> *I'm waiting to see you stand up and look like your daddy and say we done give up one baby to poverty and that we ain't going to give up nary another one [...]* (S. 75)

Auch Walter, der von der Nachricht überrascht wird, kann sich nicht vorstellen, dass Ruth ernsthaft über eine Abtreibung nachdenkt: "Ruth wouldn't do that." (ebd.) Dass sie es dennoch in Erwägung zieht, zeigt das ganze Ausmaß ihrer Verzweiflung.

Um die Tragweite eines solchen Schritts zu verstehen, muss man sich vor Augen halten, wie Abtreibung in den Fünfzigerjahren von der Gesellschaft gesehen wurde. Ein Schwangerschaftsabbruch stellte in aller Regel einen Straftatbestand dar und wurde darüber hinaus allgemein als moralisch verwerflich abgelehnt. Seit einem Urteil des Obersten Gerichtshofs von 1973 sind Abtreibungen zwar in allen US-Staaten erlaubt, aber das Thema ist in Teilen der amerikanischen Öffentlichkeit immer noch heiß umstritten. Wenn Hansberry dieses Problem in ihrem Drama zur Sprache bringt, verbindet sie damit das Ziel, auch hierüber eine Diskussion anzustoßen.

Ein damals aktuelles und ebenfalls kontrovers diskutiertes Thema ist die Frage der Assimilation. Wörtlich übersetzt bedeutet der Begriff „Angleichung" und meint im Kontext des Dramas die Anpassung der schwarzen an die weiße, oder genauer die europäische bzw. angloamerikanische Kultur. Für Hansberry und die schwarze Bürgerrechtsbewegung kommt eine solche Zielsetzung einer Selbstverleugnung gleich und beraubt das schwarze Amerika seiner afrikanischen Wurzeln. Das Ergebnis sind Charaktere wie George Murchison, die sich in Lebensart und Denkweise der weißen Mittel- und Oberschicht anpassen, zugleich aber ihre eigene kulturelle Identität verlieren.

Im Drama wird dies deutlich, als sich Walter, obwohl ihm selbst eine mittelständische Existenz vorschwebt, unübersehbar von George distanziert. Wie ihr Bruder empfindet auch Beneatha die tiefe Kluft, die sie von Murchison trennt. Während dieser in einer Schul- und Collegebildung nur die notwendige Voraussetzung für seine Zugehörigkeit zur Mittelschicht sieht, ist für Beneatha damit die Chance zur Selbstfindung verbunden. Auf der Suche nach einer eigenen Identität ist für sie die Wertschätzung des reichen afrikanischen Kulturerbes unverzichtbar.

Auch Hansberry sah, ebenso wie ein Teil der schwarzen Intelligenz ihrer Zeit, in einer Identifikation mit afrikanischer Geschichte und Kultur ein wertvolles Element ihres Selbstverständnisses als schwarze Amerikanerin. In der Diskussion zwischen Beneatha und Asagai zu Beginn des 3. Aktes vertritt Asagai die Position der Autorin, wenn er die Befreiung Afrikas von der Kolonialherrschaft als politisches Ziel anstrebt. Hansberry sieht Parallelen zum Freiheitskampf der Schwarzen in Amerika und ist überzeugt, dass trotz aller Schwierigkeiten und Rückschläge Mut und Beharrlichkeit letzten Endes zum Erfolg führen werden.

4 Schlüsselstellen

Walter und Ruth – eine Ehekrise (S. 32–35)

Walter ist an diesem Morgen schlecht gelaunt, und Ruths Verhalten trägt nicht gerade dazu bei, ihn in eine bessere Stimmung zu versetzen. Wieder einmal geht es um Geld und wieder einmal weigert sie sich, auf sein Lieblingsthema einzugehen. Sie kennt seine Träume und weiß, was ihm durch den Kopf geht, wenn er sich sogleich nach dem Scheck erkundigt. Um sie zu ärgern und weil er vor seinem Sohn als großzügiger und zahlungskräftiger Vater dastehen möchte, gibt er Travis das Doppelte des Geldbetrags, den Ruth diesem soeben verweigert hat.

Als Nächstes bittet er Ruth, bei Mama für seinen Geschäftsplan zu werben. Am Abend zuvor hat er die Einzelheiten mit Willy Harris und Bobo besprochen. Ruth ist skeptisch. Sie kennt seinen Hang zur Großmannssucht, und ihre Einschätzung von Willy Harris' Charakter ("a good-for-nothing loudmouth", S. 32) wird sich später als völlig richtig erweisen. Auch ihr Stirnrunzeln bei der Erwähnung Bobos lässt erkennen, dass sie Walter an Menschenkenntnis überlegen ist.

Der erste Schritt auf dem Weg zum geschäftlichen Erfolg besteht, so deutet Walter an, in einer Schmiergeldzahlung von mehreren Hundert Dollar, um eine Lizenz zum Verkauf von Alkohol zu bekommen. Ruth nennt den Sachverhalt sogleich beim Namen: "You mean graft?" (Bestechung) Walter reagiert gereizt ("frowning impatiently"). Dies zeige seiner Meinung nach wieder einmal, dass Frauen nichts von der Welt verstünden. Ruth hält sich zurück. Sie weiß, dass es sinnlos ist, jetzt mit Walter zu streiten; er lässt sich von seiner Lieblingsidee einfach nicht abbringen. Wie eine Mutter, die ihrem störrischen Kind einen unerfüllbaren Wunsch nicht ausreden kann, bricht sie das Gespräch ab, indem sie ihn auf sein Frühstück verweist: "Eat your eggs, they gonna be cold." (S. 33)

Das Stichwort „eggs" löst in Walter einen Sturm unterdrückter Gefühle aus. Eier sind für ihn der Inbegriff seiner Abhängigkeit vom weiblichen Geschlecht. Kurz zuvor hat er bereits auf Ruths Frage "What kind of eggs you want?" mit "Not scrambled" geantwortet (S. 26), worauf sie ihm prompt "scrambled eggs" vorsetzt. Walter fühlt sich gedemütigt. Für ihn ist dieses tägliche Rührei ein Beweis für Ruths Desinteresse an ihm und seinen Plänen. Frauen, so sieht er es, zwingen ihren Männern ein ewig gleichbleibendes Dasein auf und hindern sie so daran, die Welt zu verändern.

Ruths Aufforderung, das Ei nicht kalt werden zu lassen, beantwortet er wütend mit dem Vorwurf, der Interessenhorizont von Frauen reiche über die Versorgung ihrer Männer mit Frühstück nicht hinaus:

> *That's it. There you are. Man say to his woman: I got me a dream. His woman say: Eat your eggs. [...] Man say: I got to take hold of this here world, baby! And a woman will say: Eat your eggs and go to work. [...] Man say: I got to change my life, I'm choking to death, baby! And his woman say – [...] Your eggs is getting cold!* (S. 33 f.)

So komisch sich diese Gegenüberstellungen auch anhören, so sind sie doch vollkommen ernst gemeint. Darauf deuten die Regieanweisungen hin: Sie reichen von „Sadly, but gaining in power“ über „passionately“ bis zu „In utter anguish as he brings his fists down on his thighs“. Walters Frustration steigert sich bis zur Verzweiflung. Es geht um seine Zukunft, sein Leben, seinen Traum. Er ist im Begriff, seine Selbstachtung zu verlieren. Wenn er in den Spiegel schaut, muss er sich eingestehen, vor sich und seinem Sohn versagt zu haben:

> *This morning, I was lookin' in the mirror and thinking about it ... I'm thirty-five years old; I been married eleven years and I got a boy who sleeps in the living-room – [...] and all I got to give him is stories about how rich white people live ...* (S. 34)

Ruth bleibt unbeeindruckt. Sie ist an diese Gefühlsausbrüche gewöhnt. (“Honey, you never say nothing new.”) Mit ihrer herausfordernden Wiederholung: “Eat your eggs, Walter.” bringt sie ihn vollends aus der Fassung. Er springt auf und schlägt auf den Tisch: “DAMN MY EGGS – DAMN ALL THE EGGS THAT EVER WAS!” Ruths Antwort “Then go to work” beweist, dass sie über der Situation steht. Ihre ironische Reaktion nimmt ihm den Wind aus den Segeln. Er schüttelt resigniert den Kopf und seine kraftlose Klage über schwarze Frauen klingt recht kleinlaut. Am Ende des Dialogs, als Ruth ihr Bügelbrett aufgeschlagen hat und die Wäsche einsprengt, murmelt er nur noch leise etwas von „women with small minds“ vor sich hin.

Was Walter an Ruths Verhalten ärgert, ist die scheinbare Gelassenheit, mit der sie auf seine Vorwürfe reagiert. Er spürt ihren Widerstand gegen seine Pläne und fühlt sich zurückgewiesen. Ruth ist verzweifelt, weil sein ganzes Interesse einem sinnlosen Unternehmen gehört, dessen Scheitern ihr gesunder Menschenverstand voraussieht. Sie weiß, dass sie Walter davon nicht abbringen kann, und fügt sich schweigend in ihr Schicksal. Erst am Ende des letzten Aktes, als die ganze Familie durch seine Schuld vor dem Abgrund steht, erkennt Walter, was es heißt, für die anderen mitverantwortlich zu sein, und rettet damit auch seine Ehe.

Lenas Religiosität und Beneathas Atheismus (S. 50–53)
„God willing“ („so Gott will“) ist eine Redewendung, die im Alltag meist ohne tieferen religiösen Sinn gebraucht wird. Wenn Lena sie hier in Bezug auf den Berufswunsch ihrer Tochter verwendet (“’Course you going to be a doctor, honey, God willing”, S. 50), meint sie damit allerdings sehr wohl Gottes Hilfe. Beneatha stellt nur nüchtern fest: “God hasn’t got a thing to do with it.” Mama fühlt sich herausgefordert und droht ihr eine Ohrfeige an: “You ’bout to get your fresh little jaw slapped!” Für die Mutter benimmt sich ihre Tochter wie ein ungezogenes Kind, das trotzig gegen die geltenden Anstandsregeln verstößt: “It don’t sound nice for a young girl to say things like that – you wasn’t brought up that way.” (S. 51) Der Hinweis “Me and your father went to trouble to get you and Brother to church every Sunday” (ebd.) deutet überdies darauf hin, dass sich Mama immer noch für die religiöse Erziehung ihrer Kinder verantwortlich fühlt und in Beneathas Verhalten eine Auflehnung gegen die elterliche Autorität sieht.

Die nun folgende provozierend formulierte Erklärung Beneathas entspricht weitgehend der atheistischen Weltanschauung, die Lorraine Hansberry verschiedentlich als ihren eigenen Standpunkt zu erkennen gegeben hat. Danach ist Gott eine Vorstellung aus vorwissenschaftlicher Zeit, welche die Menschen benötigten, um zu erklären, was sie nicht verstehen konnten. Heutzutage ist diese Vorstellung überflüssig, wird aber von vielen aus Bequemlichkeit oder als Lebenshilfe beibehalten. Nach ihrer Einstellung zu Lenas Glauben befragt, hat Hansberry in einem Interview einmal wie folgt Stellung genommen:

> *I don’t attack people who are religious at all, as you can tell from the play; I rather admire this human quality to make our own crutches as long as we need them. The only thing I am saying is that once we can* walk, *you know – then drop them.* (Nemiroff, S. 197)

Religiosität wird von Hansberry also nicht abgewertet, spielt aber für sie persönlich ebenso wenig eine Rolle wie für Beneatha. Was die Menschheit erreicht hat, verdankt sie nicht Gott, sondern eigener Anstrengung und schöpferischer Kreativität. Aus Beneathas Mund hört sich das so an:

> *[. . .] I get tired of Him [God] getting credit for all the things the human race achieves through its own stubborn effort. There simply is no blasted God – there is only man and it is* he *who makes miracles!* (S. 51)

Für Mama ist der letzte Satz dieser Äußerung nicht nur eine Leugnung, sondern zugleich eine Beleidigung Gottes. Immerhin ist „blasted" ein ähnliches Schimpfwort wie „damned". Beneatha bekommt die angedrohte Ohrfeige und muss den Satz nachsprechen: "In my mother's house there is still God." Sie zögert einen Augenblick, kann sich aber der suggestiven Wirkung von Mamas Autorität nicht entziehen und tut widerwillig, was die Mutter verlangt. Es entsteht eine lange, von starken Emotionen erfüllte Pause. Mama fühlt sich unbehaglich. Sie glaubt, richtig gehandelt zu haben, weiß aber, dass sie ihre Tochter nicht mit Gewalt überzeugen kann. Daher wendet sie sich noch einmal erklärend zu Beneatha um und begründet die Notwendigkeit einer Bestrafung, indem sie ihre Stellung als Oberhaupt der Familie betont:

> *There are some ideas we ain't going to have in this house. Not long as I am at the head of this family.* (S. 51)

Sie hebt damit ihre moralische Verantwortung gegenüber den Kindern hervor. Als ältestes Familienmitglied betrachtet sie es als ihre Pflicht, religiöse Traditionen zu bewahren und weiterzugeben. Zudem schöpft sie aus dem Glauben Kraft, wie es viele Afroamerikaner in ihrer langen Leidensgeschichte getan haben.

Bei fast allen Aufführungen hinterlässt diese Szene einen starken Eindruck. So schildert das Autorenpaar McKissack in seiner Hansberry-Biografie folgende Beobachtung:

It is interesting to note [that] then, and even today, during the face-slapping scene, many black and white women who were teenagers in the 1950s nod their heads in understanding of Mama Younger's response. They don't necessarily see it as a negative exchange, as many younger women do, and neither did Hansberry [...]." (McKissack, S. 89 f.)

Dies ist ein Hinweis darauf, dass der Konflikt zwischen Mutter und Tochter zur damaligen Zeit anders wahrgenommen wurde als heute. Die Autorin will Mamas Verhalten nicht als willkürlich und übertrieben streng darstellen, wie es heute vielleicht erscheinen mag, sondern als Ausdruck der Sorge um den Zusammenhalt der Familie. Der Gedanke, ihre Kinder könnten sich von ihr abwenden, ist für Mama unerträglich.

Ruth ist in dieser Auseinandersetzung auf Mamas Seite. Nachdem Mama das Zimmer verlassen hat, legt Ruth Beneatha ihre Bedenken dar:

You think you a woman, Bennie – but you still a little girl. What you did was childish – so you got treated like a child. (S. 52)

Beneathas Antwort zeigt, dass sie die Autorität der Mutter nicht nur aus pubertärem Trotz ablehnt, sondern vor allem, weil sie deren religiöse Überzeugung nicht teilt:

[...] everybody thinks it's all right for Mama to be a tyrant. But all the tyranny in the world will never put a God in the heavens! (ebd.)

Beneatha entfernt sich. Als Mama wieder hereinkommt, versucht Ruth sie zu besänftigen, indem sie vorgibt, die Tochter habe sich entschuldigt. Aber Mama ist nicht so leicht zu beruhigen. Sie spürt, dass sich in ihrem Verhältnis zu Beneatha etwas verändert hat. Sie ist jetzt nicht mehr die starke Mutterfigur, die eben noch mit einer Ohrfeige ihre Autorität bekräftigt hat. Offenbar hat sie erkannt, dass die Kluft zwischen den Generationen zu einer Gefahr für die Familie zu werden droht.

[...] there's something come down between me and them [the children] that don't let us understand each other and I don't know what it is. (S. 52)

Hier deutet sich Mamas Sinneswandel an, der dann dazu führt, dass sie Walter einen Teil des Geldes überlässt und ihn zum Familienoberhaupt erklärt.

Über dem Schluss der Szene liegt eine melancholische Stimmung. Mama wendet sich ihrer kümmerlichen Pflanze zu. Der Traum von einem sonnigen Garten und einer besseren Zukunft scheint ihr so unerfüllbar wie eh und je. Sie bittet Ruth, ein aufmunterndes Lied zu singen, doch fast zugleich bemerkt sie Ruths Schwächeanfall, der ein erster Hinweis auf ihre Schwangerschaft ist und einen alarmierenden Schlusspunkt unter die an Spannungen reiche erste Szene setzt.

Asagai – ein Märchenprinz aus Afrika (S. 133–137)

Zu Beginn des 3. Aktes ist Beneatha zutiefst deprimiert. Der Verlust des Geldes hat ihre Pläne zunichtegemacht. Wie gelähmt starrt sie vor sich hin, als Asagai voller Energie die Wohnung betritt. Er ist gekommen, um beim Umzug zu helfen, der für ihn Bewegung und Aufbruch bedeutet. Vor allem aber möchte er Beneatha zu einem gemeinsamen Leben in Afrika bewegen.

Bevor er ihr diese Absicht eröffnet, kommt es zu einer heftigen Auseinandersetzung. Beneatha wirft ihm vor, ein Träumer zu sein und die Welt mit den Augen eines Kindes zu sehen:

You with all your talk and dreams about Africa! You still think you can patch up the world. (S. 133)

Sein Traum vom Fortschritt Afrikas durch die Befreiung vom Kolonialismus ist in ihren Augen eine Illusion. "Independence and then what?" fragt sie und entwirft ein düsteres Szenario von der Zeit danach:

What about all the crooks and thieves and just plain idiots who will come into power and steal and plunder the same as before

– only now they will be black and do it in the name of the new Independence – WHAT ABOUT THEM?! (S. 133 f.)

In der Tat trifft diese Beschreibung auf die postkoloniale Entwicklung vieler afrikanischer Staaten zu. So erwies sich z. B. Ghanas erster Präsident Kwame Nkrumah, der in seiner Zeit als Freiheitskämpfer von Hansberry bewundert wurde, später als rücksichtsloser Despot. Beneathas Einwand ist also durchaus berechtigt. Sie glaubt nicht an Asagais Zukunftsmodell einer geraden Entwicklungslinie, die sich in der Unendlichkeit verliert, sondern an einen ewigen Kreislauf, in dem Dummheit und Elend sich ständig wiederholen und Fortschritt und Freiheit Wunschvorstellungen bleiben.

Die Unterredung spitzt sich zu. Asagai hält Beneatha vor, ihre Träume von Geld abhängig gemacht zu haben, das sie dem Tod ihres Vaters verdankt. Dahinter steht der Vorwurf, ihr Pessimismus beruhe im Grunde auf persönlicher Enttäuschung. Sie reagiert wütend mit dem Ausruf, er könne damit das Problem nicht lösen: "AND YOU CANNOT ANSWER IT", den er wiederum mit der Feststellung "I LIVE THE ANSWER" übertönt. (S. 135) Zum Beweis fährt er fort, indem er seine Zukunft skizziert. Er möchte nach Nigeria zurückkehren, um den Menschen seiner Heimat Bildung zu bringen und ihr Leben zu verbessern. Er weiß, dass ein langer, steiniger Weg vor ihm liegt, aber er geht ihn voller Zuversicht. Was aus ihm selbst werde, sei nicht wichtig, meint er, solange es nur dem Fortschritt seines Landes diene.

Am Ende des Gesprächs stellt er Beneatha vor eine schwierige Entscheidung. Zunächst glaubt sie, er wolle nur einen romantischen Abend mit ihr verbringen, doch dann stellt sich heraus, dass er sie mit nach Afrika nehmen möchte. Hier zeigt sich die schwärmerische Seite seines Charakters, wenn er sich mit einem Märchenprinzen vergleicht:

Three hundred years later the African Prince rose up out of the seas and swept the maiden back across the middle passage over which her ancestors had come –" (S. 137)

Es handelt sich hier um eine Anspielung auf den Sklavenhandel. Die „middle passage" war eine berüchtigte Route über den Atlantik, auf der zahllose Menschen aus Westafrika nach Amerika verschleppt wurden, wobei ein großer Teil von ihnen ums Leben kam. Asagai vergleicht die „Rückholung" Beneathas nach Afrika mit der Rettung einer entführten Jungfrau und ihrer glücklichen Heimkehr. Er selbst spielt in diesem typischen Märchenmotiv die Rolle des ritterlichen Prinzen und zukünftigen Gemahls der Geretteten.

Beneatha bittet sich Bedenkzeit aus und ihr Märchenprinz verlässt sie voller Hoffnung. Die Frage, wie sie sich entscheiden wird, bleibt in Hansberrys Drama allerdings offen. „Beneatha sits on alone", lautet die Regieanweisung, nachdem Asagai gegangen ist. Seine letzten Worte "Ah – so this is what the New World hath finally wrought…" (S. 137) sind vieldeutig und können sowohl Bewunderung für Beneatha als auch eine gewisse Skepsis ausdrücken. Das Publikum ist darauf angewiesen, selbst zu überlegen, was Deirdre Osborne in ihrem Kommentar zu dieser Textstelle so formuliert:

[…] just how possible is it to reconcile one's African origins with being African American? (Osborne, S. xvliii)

Die Entscheidung (S. 146–151)

In diesem Textabschnitt führt die Autorin das Drama zu einem meisterhaft gestalteten Schluss. Als vermeintlichen Ausweg aus der durch den Verlust des Geldes entstandenen Familienkrise hat Walter sich entschlossen, Lindners Angebot anzunehmen. Seiner Mutter erklärt er, was er vorhat. Man müsse sich entscheiden, ob man im Leben zu den „takers", den Erfolgreichen, oder zu den „tooken" gehören wolle, zu denen also, die ausgenutzt und benachteiligt werden. Es gehe nicht darum, was moralisch richtig bzw. falsch sei:

There ain't no causes – there ain't nothing but taking in this world, and he who takes most is smartest – and it don't make a damn bit of difference how. (S. 143)

Mama weiß, dass diese Worte ihres Sohnes nicht seinem Charakter, sondern seiner momentanen Verzweiflung entspringen, und appelliert an sein Gewissen. "Baby, how you going to feel on the inside?", fragt sie ihn und mahnt: "You won't have nothing left then, Walter Lee." (S. 144) Sie will ihn zwingen, über die Konsequenzen seiner Entscheidung nachzudenken, indem sie ihn an die von seinen Vorfahren überlieferten Wertvorstellungen erinnert. Es folgt Walters ausdrucksstarke Selbstdemütigung, als er in seiner Fantasie die Begegnung mit Lindner vorwegnimmt und sich zum willenlosen Objekt rassistischer Unterdrückung erniedrigt. Im Gegensatz zu Mama, die den Konflikt zwischen persönlicher Integrität und moralischer Selbstaufgabe nachempfinden kann, versteht Beneatha ihren Bruder an dieser Stelle völlig falsch, wenn sie seine gespielte Unterwerfung unter Lindners erpresserisches Angebot als vollendete Tatsache betrachtet und sich von ihm lossagt: "He's no brother of mine." (S. 145)

Hansberry hat damit die nun beginnende Schlussszene dramaturgisch geschickt vorbereitet. Weder das Publikum noch die drei Frauen auf der Bühne wissen, wie Walter sich entscheiden wird, und wahrscheinlich weiß er dies selbst nicht einmal. In dem Augenblick, als Lindner die Bühne betritt, erreicht die Spannung ihren Höhepunkt. Als Ruth ihren Sohn Travis, der neugierig Lindners Papiere betrachtet, hinausschicken will, nimmt Mama dies zum Anlass einer letzten Mahnung an Walter. Sie verlangt, Travis solle Zeuge der Verhandlung sein, und sagt, wobei sie Walter direkt in die Augen schaut:

> *And you make him understand what you doing, Walter Lee. You teach him good. Like Willy Harris taught you. You show where our five generations done come to.* (S. 147)

Sie stellt hier den Gauner Willy Harris der Ehrbarkeit ihrer Familie gegenüber, deren Integrität nunmehr auf dem Spiel steht. Ein letztes Mal erleben wir Mama als moralische Instanz: Mit geschlossenen Augen und gefalteten Händen erwartet sie die Entscheidung ihres Sohnes.

Langsam und stockend beginnt Walter zu sprechen, neben sich seinen Sohn. An seiner Stimme ist zu erkennen, dass er von Emotionen fast überwältigt wird. ("There is a profound, simple, groping quality in his speech.") Seine ersten Sätze sind unvollständige, tastende Versuche auszudrücken, was er fühlt. Walter möchte, dass Lindner versteht, was in ihm vorgeht. Mit einfachen Worten schildert er seine Familie und sein Leben. Zweimal betont er, sie seien einfache Leute („plain people") und müssten hart arbeiten. Als er seinen Vater erwähnt, schaut er Lindner ins Gesicht und sein Zögern weicht einer plötzlichen Sicherheit. Eindringlich fährt er fort:

> *My father almost* beat a man to death *once because this man called him a bad name or something, you know what I mean?* (S. 147)

Lindner, der bisher kaum zugehört hat, spürt den entschlossenen Unterton dieser Äußerung. Fast erschrocken blickt er auf, „frozen", wie es in der Regieanweisung heißt, und verständnislos: "No, no, I'm afraid I don't –" (ebd.)

Anspannung liegt in der Luft, bevor Walter nach einer Pause einen neuen Anlauf nimmt. Mit dem Stichwort „pride" steuert er nun direkt auf sein Ziel zu:

> *Well – what I mean is that we come from people who had a lot of* pride. *I mean – we are very proud people. And that's my sister over there and she's going to be a doctor – and we are very proud –".* (S. 148)

Lindner versucht an dieser Stelle, einen Einwand zu machen, aber Walter lässt ihn nicht zu Wort kommen. Er wiederholt zum dritten Mal "we are very proud", als sei dies die Botschaft, wegen der er Lindner herbestellt habe. Zur Bekräftigung seiner Worte ruft er Travis zu sich und stellt ihn Lindner vor:

> *This is my son, and he makes the sixth generation our family in this country.* (S. 148)

Stolz und aufrecht vor Lindner stehend, erwähnt er jetzt erstmals dessen Angebot, um dann sogleich fortzufahren:

> *And we have decided to move into our house because my father – my father – he earned it for us brick by brick.* (ebd.)

Bezeichnenderweise wechselt Walter an dieser entscheidenden Stelle seiner Rede von *Standard* zu *Black English*, wenn er sagt:

> *We don't want to make no trouble for nobody or fight no causes, and we will try to be good neighbors. And that's* all *we got to say about that.* (ebd.)

Er unterstreicht damit das Grundrecht aller Schwarzen auf Freizügigkeit und gibt zu verstehen, dass er nicht bereit ist, sich dieses Recht mit Geld abkaufen zu lassen. "We don't want your money", lautet sein letzter Satz. Dann dreht er sich um und entfernt sich. Lindner macht noch einen letzten Versuch, indem er sich an Mama wendet, aber sie verweist auf die Worte ihres Sohnes und bestätigt somit seine Autorität als Sprecher der ganzen Familie.

Lindner geht kopfschüttelnd und nicht ohne eine Warnung vor den Folgen zu hinterlassen. Er hat nichts von dem verstanden, was hier vorgegangen ist, nämlich dass ein Mann einen Sieg über sich selbst errungen hat und eine Familie gerettet worden ist, die vor dem Abgrund stand. Ruth findet als Erste ihre Sprache wieder. Mit dem Ausruf "LET'S GET THE HELL OUT OF HERE!" (S. 149) scheucht sie die anderen auf. Alle verfallen in hektische Aktivität; niemand will seine Ergriffenheit zeigen. Die Autorin liefert dazu den Kommentar: "[They] are deliberately trying to ignore the nobility of the past moment." (S. 149)

Mama fällt vor lauter Glück in ihre Rolle als Oberhaupt zurück und erteilt Befehle in alle Richtungen. Beneatha und Walter fangen wieder Streit an wie Kinder, die ein unterbrochenes Spiel fortsetzen. Während die Möbelträger schon die Szene beherrschen, will sie die große Neuigkeit loswerden, dass Asagai mit ihr nach Afrika gehen möchte. Ihr Bruder nimmt dies sogleich zum Anlass, sich mit ihr zu zanken. Wieder mischt sich die Autorin ein und schlägt den Bogen zurück zum Anfang mit der Regiebemerkung "[…] precisely as in the first scene of the play" (S. 150). Diesmal ist die Atmosphäre jedoch entspannt. Im Gegensatz zur anfänglichen Bitterkeit herrscht Erleichterung, ja geradezu Euphorie.

Während die Geschwister ihren Wortwechsel beim Hinausgehen lautstark fortsetzen, fasst Mama, übergücklich angesichts der Auflösung der Krise, ihren Stolz auf Walter in wenigen Worten zusammen:

> *He finally come into his manhood today, didn't he? Kind of like a rainbow after the rain …* (S. 151)

Besser als durch diesen schönen Vergleich hätte sie nicht ausdrücken können, was die ganze Familie fühlt, und Ruth, die vor Stolz auf ihren Mann kaum ein Wort herausbringt, stimmt ihr zu. Der letzte, wortlose Augenblick gehört Lena und ihrer Pflanze, und was er ausdrückt, bleibt der Darstellerin von Lenas Rolle überlassen.

Rezeptionsgeschichte

Die erste Aufführung von *A Raisin in the Sun* am New Yorker Broadway fand am 11. März 1959 im Ethel Barrymore Theater statt. Die Reaktion des überwiegend schwarzen Publikums war enthusiastisch. Die meisten Medien brachten ebenfalls positive Kommentare. Allerdings gab es auch Einwände bzw. Missverständnisse und zwar von schwarzer wie weißer Seite. Weiße Kritiker hoben anerkennend hervor, es handele sich nicht vorrangig um ein „Negro play", sondern um ein allgemein sozialkritisches Drama, in dem die Hautfarbe der Akteure keine entscheidende Rolle spiele. Von Teilen der afroamerikanischen Intelligenz wiederum wurde der Verdacht geäußert, die Autorin wolle die Rassismusproblematik herunterspielen. Hansberry setzte sich mit solchen Urteilen intensiv auseinander und versuchte zu erklären, warum beide Sichtweisen an der eigentlichen Thematik vorbeigingen.

Die Broadway-Inszenierung wurde 1961 in der ursprünglichen Bühnenbesetzung verfilmt. Unter der Regie von Daniel Petri entstand mit Sidney Poitier (Walter), Claudia McNeil (Mama), Ruby Dee (Ruth) und Diana Sands (Beneatha) in den Hauptrollen ein atmosphärisch dichtes Familiendrama. Als herausragendes Werk der zeitgenössischen Filmkunst wurde die Produktion auf dem Film-Festival von Cannes 1961 mit dem Gary Cooper Award ausgezeichnet. Für ihr Drehbuch erhielt Hansberry einen Preis der American Screen Writers Guild.

Verglichen mit dem Dramentext weist der Film einige ergänzende Szenen auf. Dazu gehören Sequenzen, die Walter bei seiner Arbeit als Chauffeur und als Gast in seinem Stammlokal, dem Green Hat, zeigen. Hier findet auch die Unterredung mit

Mama statt, bei der sie ihm mit dem Geld zugleich die Verantwortung für die Familie überträgt.

Außerdem erleben wir Walter in der Bar bei einer geschäftlichen Besprechung mit Harris und Bobo. Auch eine Besichtigung des neuen Hauses in Clybourne Park in Anwesenheit der ganzen Familie ist im Film zu sehen. Es handelt sich um ein schmuckes Häuschen, offenbar einen Neubau, mit einem sonnenbeschienenen Garten, in dem Lena ihre Geschenke, darunter den Sonnenhut, überreicht bekommt.

Nach Hansberrys Tod wurde das Drama mehrfach für das Fernsehen verfilmt. Hervorzuheben sind die American Playhouse-Produktion von 1989 mit Danny Glover (Walter) und Esther Rolle (Mama) sowie die ABC-Produktion von 2008, bei der Kenny Leon Regie führte. Obwohl auch diese Fassungen hervorragend besetzt sind, gilt Sidney Poitiers Walter Lee immer noch als die klassische Verkörperung der Rolle. Die Intensität, mit der er die innere Anspannung dieses Charakters zum Ausdruck bringt, ist nur schwer zu überbieten.

Szene aus der Verfilmung von 1961 mit Diana Sands (Beneatha), Ruby Dee (Ruth), Claudia McNeil (Mama) und Sidney Poitier (Walter Lee)

Angesichts der problemgeladenen Auseinandersetzungen zwischen den Familienmitgliedern und ihrer bedrückenden sozialen Lage mag es überraschen, dass das Drama auch als Musical ein beachtlicher Erfolg war. Unter dem Titel *Raisin* lief es in den Jahren 1973 und 1974 über 800-mal am Broadway und gastierte anschließend in etwa 50 Städten überall in den USA. Hansberry selbst war an diesem Projekt nicht mehr beteiligt, aber der Text von Robert Brittain basiert auf *A Raisin in the Sun* und auf unveröffentlichtem Material aus ihrem Nachlass. Die Initiatoren waren Robert Nemiroff und der Komponist Judd Woldin. Obwohl wesentliche Teile des Dramentextes wegfallen mussten, um Zeit für die Musik zu gewinnen, ist die Grundstimmung erhalten und wird musikalisch stellenweise sogar noch gesteigert. Letzten Endes bleibt das Musical aber ein Nebenprodukt, das an Komplexität und Differenzierung nicht an Hansberrys Schauspiel heranreicht.

Was die Rezeption des Stücks außerhalb der USA betrifft, so sind hier vor allem Großbritannien und einige osteuropäische Länder zu nennen. Städte wie London, Manchester und Bristol, wo das Drama auf den Spielplänen der Theater stand, waren durch den Zuzug von Farbigen aus den ehemaligen britischen Kolonien in ähnlicher Weise betroffen wie Chicago oder New York und hatten ähnliche Probleme der Diskriminierung und Ghettoisierung zu bewältigen. Das Interesse einiger Ostblockländer, wie übrigens auch der DDR, während des Kalten Krieges hatte dagegen gänzlich andere Motive. Noch zu Hansberrys Lebzeiten wurde das Stück in der Sowjetunion mehrfach inszeniert. Hier, wie auch bei der tschechischen Produktion am Staatstheater von Ostrava (Ostrau) im Jahre 1960, dürfte es sich um den Versuch gehandelt haben, *A Raisin in the Sun* zum Zweck antiamerikanischer Propaganda zu benutzen. Hansberry scheint jedenfalls diesen Verdacht gehabt zu haben, denn in einem Brief an die Theaterleitung in Ostrava bekennt sie sich eindeutig zu ihrem Land und seinen Werten, wobei sie komplexe Probleme und Schwierigkeiten durchaus einräumt. Dort heißt es:

[America] is a complex and difficult country and some of our complexities are indeed grotesque. We who are Negro Americans can offer that last remark with unwavering insistence. It is, on the other hand, also a great nation with certain beautiful und indestructible traditions and potentials which can be seized by all of us who possess imagination and love of man.

Und in Anspielung auf den Titel ihres Theaterstücks fährt sie fort: "There is simply no reason why dreams should dry up like raisins or prunes or anything else in America." (Nemiroff, S. 129 f.).

Von der bis in die Gegenwart hinein anhaltenden Wirkung und dem inzwischen klassischen Status des Stücks zeugt die mehrfach preisgekrönte Komödie *Clybourne Park* des amerikanischen Autors Bruce Norris. Das 2010 am Broadway uraufgeführte und anschließend in London inszenierte Theaterstück schließt im 1. Akt unmittelbar an die Schlussszene von Hansberrys Drama an und schildert Karl Lindners vergebliche Bemühungen, den Verkauf des Hauses an die Youngers mit allen Mitteln zu verhindern. Im 2. Akt sind fünfzig Jahre vergangen. Clybourne Park ist nun ein schwarzes Wohnviertel geworden. Als ein weißes Ehepaar das Haus kaufen und umbauen möchte, stößt es auf den Widerstand einer schwarzen Bürgerinitiative, die den historischen Wert des Viertels dadurch gefährdet sieht. Am Ende beschuldigen sich beide Seiten des Rassismus und alle Beteiligten sind heillos zerstritten. Bei aller Komik zeigt das Stück auf eindrucksvolle Weise, dass die Rassengegensätze sich heute anders manifestieren, gleichwohl aber in den Köpfen der Menschen weiterhin vorhanden sind.

Clybourne Park ist ein Beispiel dafür, dass *A Raisin in the Sun* auch nach einem halben Jahrhundert noch immer Anstöße zu kontroversen Diskussionen zu geben vermag. Mittlerweile in mehr als 30 Sprachen übersetzt, ist Hansberrys Drama auch weiterhin auf vielen Bühnen der Welt präsent. So haben etwa Londoner Theater das Stück in den letzten Jahren mehrfach neu inszeniert. Es geht dabei nicht immer nur um das Zusammenleben von schwarzer und weißer Bevölkerung, sondern auch um das Spannungsverhältnis von Integration und eigener kultureller Identität ethnischer Minderheiten allgemein.

Literaturhinweise

Textausgaben

HANSBERRY, LORRAINE: *A Raisin in the Sun.* Vintage Books: New York 1994.
(Zitate und Seitenzahlen nach dieser Ausgabe)

HANSBERRY, LORRAINE: *A Raisin in the Sun – with commentary and notes by Deirdre Osborne.* Methuen Drama Student Edition, Methuen: London 2011.
(Text mit Anmerkungen und ausführlichem Kommentar)

Sekundärliteratur

NEMIROFF, ROBERT (Hrsg.): *To Be Young, Gifted and Black.* Signet, New American Library, Penguin (USA): New York 1970.
(autobiografische Collage aus Tagebüchern, Briefen, Dramenszenen usw., zusammengestellt vom Herausgeber)

CARTER, STEVEN R.: *Hansberry's Drama – Commitment amid Complexity.* University of Illinois Press: Urbana and Chicago 1991.
(ausführliche literaturwissenschaftliche Darstellung des Gesamtwerks)

MCKISSACK, PATRICIA C. & FREDRICK L.: *Young, Black and Determined: A Biography of Lorraine Hansberry.* Holiday House: New York 1998.
(gut lesbare, ausführliche Biografie mit zahlreichen Illustrationen)

(Bitte blättern Sie um)

Deutsch Prüfungstraining Literatur

Prüfungstraining Literatur
Liebeslyrik ... Best.-Nr. 1045401
Prüfungstraining Literatur – Baden-Württemberg
Peter Stamm: *Agnes* ... Best.-Nr. 8454001
Prüfungstraining Literatur – Niedersachsen
Christian Kracht: *Faserland* ... Best.-Nr. 3454001
Prüfungstraining Literatur – NRW
Thomas Mann: *Buddenbrooks* ... Best.-Nr. 5454001
Prüfungstraining Literatur – NRW
J. W. v. Goethe: *Iphigenie auf Tauris* ... Best.-Nr. 5454003

Englisch Interpretationen

Albee:
Who's afraid of Virginia Woolf? ... Best.-Nr. 2500101
Atwood: *The Handmaid's Tale* ... Best.-Nr. 2500181
Auster: *Moon Palace* ... Best.-Nr. 2500031
Boyle: *The Tortilla Curtain* ... Best.-Nr. 2500131
Bradbury: *Fahrenheit 451* ... Best.-Nr. 2500141
20th Century English Short Stories ... Best.-Nr. 2500151
Fitzgerald: *The Great Gatsby* ... Best.-Nr. 2500191
Golding: *Lord of the Flies* ... Best.-Nr. 2500051
Hornby: *About a Boy* ... Best.-Nr. 2500201
Huxley: *Brave New World* ... Best.-Nr. 2500281
Ishiguro: *The Remains of the Day* ... Best.-Nr. 2500171
Lee: *To Kill A Mockingbird* ... Best.-Nr. 2500231
Lessing: *The Fifth Child* ... Best.-Nr. 2500071
MacLaverty: *Cal* ... Best.-Nr. 2500161
Priestley: *An Inspector Calls* ... Best.-Nr. 2500081
Russell: *Educating Rita* ... Best.-Nr. 2500061
Salinger: *The Catcher in the Rye* ... Best.-Nr. 2500111
Shakespeare: *Macbeth* ... Best.-Nr. 2500011
Shakespeare: *Much Ado About Nothing* Best.-Nr. 2500241
Shakespeare: *Romeo and Juliet* ... Best.-Nr. 2500041
Shaw: *Pygmalion* ... Best.-Nr. 2500121
Shepard: *True West* ... Best.-Nr. 2500211
Swarup: *Q & A: Slumdog Millionaire* ... Best.-Nr. 2500271
Williams: *A Streetcar Named Desire* ... Best.-Nr. 2500221

Englisch Training

Themenwortschatz ... Best.-Nr. 82451
Grammatikübungen ... Best.-Nr. 82452
Übersetzung ... Best.-Nr. 82454
Grundlagen, Arbeitstechniken und
Methoden mit Audio-CD ... Best.-Nr. 944601
Sprechfertigkeit mit Audio-CD ... Best.-Nr. 94467
Sprachmittlung ... Best.-Nr. 94469
Abitur-Wissen
Landeskunde Großbritannien ... Best.-Nr. 94461
Abitur-Wissen Landeskunde USA ... Best.-Nr. 94463
Abitur-Wissen
Englische Literaturgeschichte ... Best.-Nr. 94465
Klausuren Englisch Oberstufe ... Best.-Nr. 905113

Kompakt-Wissen Abitur
Themenwortschatz ... Best.-Nr. 90462
Kompakt-Wissen Abitur
Landeskunde/Literatur ... Best.-Nr. 90463

Spanisch

Kompakt-Wissen Abitur
Wortschatz Oberstufe ... Best.-Nr. 945401

Französisch Interpretationen

Camus: *L'Etranger/Der Fremde* ... Best.-Nr. 2550041
Sartre: *Huis clos/*
Geschlossene Gesellschaft ... Best.-Nr. 2550051
Schmitt: *Oscar et la dame rose* ... Best.-Nr. 2550071

Französisch Training

Landeskunde Frankreich ... Best.-Nr. 94501
Themenwortschatz ... Best.-Nr. 94503
Textarbeit Oberstufe ... Best.-Nr. 94504
Sprachmittlung · Übersetzung ... Best.-Nr. 94512
Abitur-Wissen
Französische Literaturgeschichte ... Best.-Nr. 94506
Klausuren Französisch Oberstufe ... Best.-Nr. 105011
Kompakt-Wissen Abitur
Themenwortschatz ... Best.-Nr. 945010
Kompakt-Wissen Abitur
Kurzgrammatik ... Best.-Nr. 945011

Latein Training

Abitur-Wissen
Lateinische Literaturgeschichte ... Best.-Nr. 94602
Abitur-Wissen Römische Philosophie ... Best.-Nr. 94604
Abitur-Wissen Prüfungswissen Latinum Best.-Nr. 94608
Klausuren Latein Oberstufe ... Best.-Nr. 106011
Kompakt-Wissen Kurzgrammatik ... Best.-Nr. 906011

Bestellungen bitte direkt an:

STARK Verlagsgesellschaft mbH & Co. KG · Postfach 1852 · 85318 Freising
Tel. 0180 3 179000* · Fax 0180 3 179001* · www.stark-verlag.de · info@stark-verlag.de
*9 Cent pro Min. aus dem deutschen Festnetz, Mobilfunk bis 42 Cent pro Min.
Aus dem Mobilfunknetz wählen Sie die Festnetznummer: 08167 9573-0

Lernen ▪ Wissen ▪ Zukunft
STARK

21-V1P